曼德拉传

最新版

[美] 查伦·史密斯（Charlene Smith）/著

高天增 贾涵钧/译

Mandela
In Celebration of a Great Life

中国人民大学出版社
·北京·

谨以此书献给马修、莉拉、莫尼和加布里埃拉·鲁比

序

  1988年7月，即离纳尔逊·曼德拉获得自由走出维克多·维尔斯特监狱还有两年的时候，作为反种族隔离运动组织主席的大主教特雷弗·哈德尔斯顿提出建议：社会各界应该为狱中曼德拉70岁寿辰举行庆生会。当时，成千上万的青年对此热烈响应，准备办一个世界上规模最大的庆生会。来自英国各地的男女老少纷纷行动，聚集到了伦敦海德公园，汇成了各种肤色的人的海洋。参加庆生会的足有25万人，其中绝大多数是年轻人。

  我放眼望去，内心为之震撼。因为，曼德拉于1963年被判终身监禁、开始铁窗生涯的时候，这些年轻人大都尚未出生，既没有见过曼德拉，也没有听过他讲话，但是毫无疑问他们听别人讲起过他。问题还在于，由于囚徒的照片属于违禁品，他们并不认识曼德拉，不知道曼德拉长什么样。然而他们汇集于此，向一位囚徒，是的，向一位道德高尚的囚徒致敬。而时任英国首相的玛格丽特·撒切尔却对曼德拉极为不敬,诬称曼德拉是恐怖分子。

曼德拉自己一无所言、一无所为,却让人们为之感动,这是何等非常的现象啊!曾有人忧心忡忡,担心那些参加集会的年轻人有可能会大失所望,也曾担心他们会发现自己心中的偶像居然是个泥足巨人。也许,曼德拉最好待在监狱里,远离公众视线,因为距离的确能够产生美。在狱中,他起到的作用堪称卓越,因为他能够密切关注南非人民的斗争。如果这一事业能够获得人们更广泛支持的话,这种关注的人格化对事业非常重要。这是因为,颇为冷漠的美国里根政府和英国撒切尔政府将很难再对他视而不见。曼德拉一旦走出监狱,其影响力就会大大减弱,这是因为他是那么富有人性、那么脆弱,非常有可能令那些人失望,正是他们将近乎神圣、近乎完美的曼德拉奉为偶像崇拜的。

是的,1990年2月11日那天,当曼德拉与夫人温妮携手并肩走出维克多·维尔斯特监狱大门的时候,我们都兴奋到了极点。那是一个令人难忘的日子,但是我们又颇为惴惴不安——曼德拉会无愧于人们对他的崇拜和期望吗?我们的兴奋之情会不会一下子跌入谷底呢?虽然全世界都跟我们一道迎接这位世界上最知名的囚徒,但是人心无常,人们对曼德拉的关注会持续多久呢?"曼德拉现象"会是昙花一现吗?人们的兴奋点会不会很快就转移呢?

曼德拉是一个独一无二的现象,因为媒体关注的热情不仅没有消减，反而又增加了。曼德拉依旧令人称奇，而不是令人大失所望。由于多年以来当局的镇压活动和卑鄙的离间，南非这个四分五裂的国家在大多数问题上看法不一，但在一个问题上却众口一词：这个所谓的前恐怖分子曼德拉，常常遭到诽谤诬蔑和极端仇视的曼德拉，今天则成为我们最宝贵的财富。

曼德拉受到几乎所有南非人的爱戴，甚至包括那些对非洲人国民大会（简称"非国大"）领导的政府进行最恶毒攻击的批评家们。他是南非最受欢迎的政治领导人，几乎没有人对他有过非议。1995年橄榄球世界杯决赛那天，曼德拉身穿南非球队队服，外面还套了一件弗朗索瓦·皮奥纳尔的6号背心球衣来看球。当他出现在艾里斯运动场的草地上时，几乎全是南非白人的数万名观众突然爆发出雷鸣般的向他致敬的欢呼声："纳尔逊！纳尔逊！纳尔逊！"有谁会轻易忘记这一幕场景呢？曼德拉有把事情做正确的诀窍。这在有些政治领导人那里只会显得做作或粗俗，而在曼德拉身上，这一诀窍却被证明是一种引起人民大众共鸣的方式。曼德拉在任时，邀请了南非所有政党前领导人的遗孀出席茶话会，他的魅力令她们个个折服。曼德拉身穿球衣以表示对南非橄榄球运动的支持，他到南非排斥黑人的大本营奥拉尼亚去造访维尔沃尔德博士的遗孀，这类非常举动为他赢了许许多多南非白人的拥戴。他后来还同当年在里沃尼亚审判中审过自己的波西·尤塔共进晚餐，后者正是当年许多人的批评对象，因为他违反惯例力主判处曼德拉死刑。曼德拉大海般的宽阔胸怀日月昭昭，令人钦佩。曼德拉还曾表示，如若能让博塔先生保全面子的话，他愿意陪伴被传唤的博塔出席真相与和解委员会的听证会。

  曼德拉集真诚、谦逊、庄严、责任于一身。他用心良苦地一再表示自己不是什么圣人，而仅是非国大的一名普通成员，一个奉行协商一致原则的人。当年他不惧传讯接受庭审，就缘于他有高度的法律意识，而且在庭上一站就是两天而不肯坐下，借以表示对法律的尊重。但他也会慢待骄横无理之人，即使如此也仅是为了工作，而非本性使然。毋庸置疑，曼德拉是我们南非最伟大的天赐和最宝贵的财富。上帝在我们这一历史阶段把他赐给我们，真是我们的万幸。是曼德拉将处于四分五裂的南非重新弥合。上帝真是够幽默的，曼德拉在旧政权时代被一些傲慢的家伙盛气凌人地摒弃，还将他看成是天下第一号恐怖分子，而现在那些人却纷纷正式或非正式地造访南非，其意图无非是寻机同世界上最受人尊敬的政治家合影留念。有些人也许企望大地开裂，以便让我们的领导人跌入其间而消失——但我们却昂然而立，因为我们有了一个极为优秀的人做我们的总统。

  有一位欧洲国家的首相曾极力要我劝说曼德拉在退休之前去访问他的国家。我知道许多其他国家的领导人也同样认为，如果曼德拉退休之前出访能够成行，将是他们莫大的荣幸。我所认识的国家元首中还没有谁像曼德拉一样应邀出席过这么多的地区峰会，或像他那样去向欧洲、非洲、拉丁美洲和亚洲诸国的国家元首当面做告别访问。

大主教图图是曼德拉的朋友和顾问,他常被人们看作"南非的良知",而曼德拉则被看作"南非的心"

曼德拉留给了我们最宝贵的遗产,那就是通过努力奋斗,使不同文化、不同语言、不同种族、不同信仰的人——五彩缤纷的南非人民——团结在一起。因此,我们对曼德拉怀有无比感激之情。他给我们打下了良好、坚实的基础。我们全体人民应该努力奋斗,确保建立一个能战胜命运的社会。那将是一座独一无二、恰如其分的曼德拉纪念碑。

大主教德斯蒙德·图图

写于 1998 年

作者的话

当本书 1999 年举行首发式的时候,我的儿子马修还是一位个头儿高高的 14 岁少年。那是个节日一般的日子。出席仪式的有:纳尔逊·曼德拉、格拉萨·马歇尔、约希娜·马歇尔、泽纳妮·曼德拉以及其他家庭成员。前制宪谈判成员西里尔·拉马弗萨和后来的南非总统雅各布·祖马也应邀出席。马修十分害羞腼腆,但是当首发式进行到演出环节,台上的舞蹈演员和美妙的音乐感染了马迪巴①的时候(过去时常如此),曼德拉起身来到我们桌前,把手伸给了马修。于是他们两人在现场数百人面前跳起了摇摆舞。

我当时没有相机记录下这一场景,但别人拍下了我们母子与曼德拉在一起的照片。那是一个充满欢笑的晚上,新南非的希望

---

① 马迪巴是南非人民对曼德拉的尊称。——译者注

孕育其中。这似乎验证了托克维尔在其重要著作《论美国的民主》中写的话："一场革命所摧毁的社会秩序几乎总是要好于其之前的社会秩序，而且经验告诉我们，一般说来，一个糟糕的政府所面临的最危险的时刻，就是当其寻求改邪归正的时刻……一旦消除不满的可能性出现在人们脑海中，不满总是令人难以忍受。"

"解放者们能够拾起来压迫者们所扔的袍子，发现这些袍子其实很合身。"正如托克维尔那样的作家所警告的那样，今天的南非已处于十分危险的境地，在这里，纷乱、狂热的民主挑战着旧的独裁体制。新领导人或许会发现，一旦上台执掌政权，他们的受欢迎程度就开始下降，听到的批评要多于赞扬。而且，民主要想成功非得如此。

然而，南非的民主钟摆无论摆向何方，没有人能够怀疑这个国家里的杰出人物在某一短暂时期里所造成的影响。这些人当中有诺贝尔和平奖获得者大主教德斯蒙德·图图、德克勒克和纳尔逊·曼德拉。我有幸报道了处在最黑暗时期以及被伟大之光照亮时期的南非。

任何一本书的出版都要得益于图书馆管理员的工作。所以我要向西开普大学的马伊拜中心和开普敦的南非国立图书馆的工作人员致敬，在这两所图书馆的书架上我得到了十分宝贵的资料。我的儿女莉拉和马修也是我获得灵感的源泉，而我的孙女加布里埃拉·鲁比教会我如何享受每一天的快乐，以及轻轻地踩在我们这个脆弱的星球上的重要性。

　　本书在某些方面也批评了曼德拉，但曼德拉已明确表示他也不爱听溢美之词，而且历史也不允许。那么我最钦佩曼德拉的是什么呢？仅仅是他尊重妇女和儿童吗？曼德拉令人钦佩、敬仰的是这些：在一个阶级差别使得一些人（如保安人员、清洁工人、服务人员）"隐身"的社会里，一个大多数人未能承认他们的身份的社会里，曼德拉会拥抱他们，对他们嘘寒问暖。下次再见到他们时，他会想起他们，以及与他们相识时的细节。他不是一个只会演讲的政客，而是在实实在在地关心人，一旦见过你，他就会永远记住你的名字。凡见过曼德拉的普通人都因他变得不再普通。曼德拉的行为体现了印度教徒见人时双手合十行礼所隐含的意义——我心中的神尊重你心中的神。与人为善吧，这让我们付出很少但回报丰厚。

查伦·史密斯

2014年于美国马萨诸塞州剑桥市

目 录

早年岁月 …………………………………… 1
爱，永不止息 ……………………………… 31
铁窗生涯的影响 …………………………… 59
通向权力之路 ……………………………… 81
打造谈判之桌 ……………………………… 99
价值观的冲突 ……………………………… 121
变革 ………………………………………… 137
善意终于胜利了 …………………………… 155
彩虹之国失去了无价之宝 ………………… 173
谢谢你，父亲 ……………………………… 185
永久的和平 ………………………………… 199
曼德拉年表 ………………………………… 212

早年岁月

> 我们还没有自由，我们才刚刚获得了去争取自由的自由，获得了不再遭受压迫的权利。我们还没有迈出我们征程上的最后一步，而是刚刚迈出漫长的、困难重重的征程中的第一步。因为，获得自由不仅仅是为挣断身上的枷锁，更是为尊敬和促进他人的自由。
>
> ——纳尔逊·曼德拉
> 《漫漫自由路》，1994年

青年时代的曼德拉

"往昔一直跟我们在一起,而非远离我们而去。哺育了我们的传统文化每一天都在我们的话语中。"非洲哲学家姆丁贝这样写道。所以,要想了解曼德拉,最适宜的做法是,不仅了解他的早年岁月,而且要了解他生活的社会所面临的重重挑战。

纳尔逊·罗利赫拉赫拉·曼德拉,1918年7月18日出生于南非东开普省特兰斯凯的姆维佐村,特兰斯凯是南非最美丽但也是最闭塞的地区之一。他有着滕布王朝的血统,由叔父乔津塔巴养大。即使是在今天,他长大的地方——滕布大庄园看上去依旧很普通:陡峭的群山环抱下的几栋普通房舍和一栋新式楼房而已。冬天的时候,

曼德拉年轻时是个业余拳击手

山岭如同火炬，生动炽热；夏天的时候，山谷苍翠繁茂。道路两旁粉红色和紫色的大波斯菊竞相开放。滕布大庄园要比曼德拉被囚 27 年出狱之后在附近的库努所建造的房子普通得多。库努附近的房子是一座复制品，复制了他在维克多·维尔斯特监狱度过最后牢狱生活的牢房。

几十年前的曼德拉年轻气盛，是个有天分的拳击手和律师。20 世纪 40 年代初，在非国大下辖的青年联盟里声名鹊起的他，在反对南非白人政权种族隔离制度的斗争中冲在最前面。20 年之后，他成了为自己所组建和领导的非国大下辖的武装组织"民族之矛"最具影响力的人之一。

作为受人钦佩的领导人，曼德拉仅仅是许许多多优秀的黑人之一。他们在那时候挺身而出，毅然开始为挣断身上的枷锁而英勇斗争。20 世纪四五十年代甚至包括 60 年代，还没有什么迹象可以表明曼德拉会成为像今天这样的巨人。的确，曼德拉是五六十年代的传奇人物，但是正如任何一位经历过抵抗斗争的南非人可以告诉你的那样，当时有许多人因具有领导才华、勇敢品质或富有同情心而闻名天下。他们当中有的死于种族隔离政权之手；有的被历史进程淹没，变得默默无闻；甚至有的人孤独地死于贫困。

一位年轻实习教师目睹了 1951 年在约翰内斯堡进行的一场辩论赛。辩论赛在简·霍夫迈尔社工作学校和班图自然大学之间进行，由曼德拉做评判。这位实习生后来评论道："曼德拉当时确实没有什么突出之处，只不过评判公正，评语精准、认真而已，说话尽量留有余地。"十年以后，这位名叫德斯蒙德·图图的教师成了一名基督教圣公会的牧师，并且在后来的岁月里成为南非最受人爱戴的人之一。1984年，图图被授予诺贝尔和平奖。另外有三位南非人获得过诺贝尔和平奖，其中两位曾是非国大的领导人，非国大主席艾伯特·卢图利在1961年荣获此奖，曼德拉和弗雷德里克·威廉·德克勒克共同分享了1993年的诺贝尔和平奖。

> 德斯蒙德·图图，生于1931年10月7日。1984年获得诺贝尔和平奖，该奖表彰其用非暴力方式反对南非当局种族歧视政策的斗争。在20世纪80年代，由于坚决反对种族隔离而赢得世界的赞誉。1985年2月在约翰内斯堡宣誓就任南非第一位黑人大主教。他还获得过纽约神学院神学博士、伦敦大学皇家学院院士、英国坎特布雷大学教会法规博士、哈佛大学法学博士、哥伦比亚大学博士等荣誉学位和称号。[①]

"民族之矛"的一位早期成员回忆道，当曼德拉1962年访问伦敦时，"曾在一个很深的地下室给我们开会。他简要地给我们介绍了一下国内的形势。曼德拉充满信心，而我们却怀疑他的话是否真实可靠。我们对此争论不休"。

---

① 本书中加暗底的几个人物的简介为译者所加，资料来源于百度百科。——译者注

前非国大成员本·图洛克，20世纪40年代起就积极从事黑人民权的斗争，也曾在海外流亡多年，对此有着清醒的认识。他说：

> 从20世纪80年代起，曼德拉就成为一种象征，但并不是因为他有卓越的领导才能。这场运动使他应运而生。这场运动决定了"有这么一个人，让我们聚集在他的周围"。当时我们同他没有什么联系。长期以来是非国大主席奥利弗·坦博跟我们联系。这场运动决定了它需要一个象征。曼德拉当时就是这么一个理想的解放斗争的英雄。这决定了我们应把他置于斗争的焦点，在全世界展开一场运动，争取他获得释放。当曼德拉证明自己是世界历史上最卓越的人之一的时候，一个民族的祈祷最终得到的不仅仅是响应。南非祖鲁语的"乌班图"（ubuntu）之概念（只有为他人所认可，一个人才可称之为人）不仅充分地体现在他作为一位称职政治家的领导才能方面，而且体现在了曼德拉巨大的仁慈之心方面。他的事迹不仅仅是一个人的事迹：如若不是这些卑微的人以非凡的勇气冒着生危险去斗争，并且不顾无数的禁令和迫害而坚持为自由和正义而斗争，就不会涌现这样的领袖来领导斗争的事业。

20世纪中能像曼德拉那样受到人民群众爱戴的领导人寥寥无几，或许也包括印度的圣雄甘地。曼德拉和甘地正是用自己的仁慈和努力树立榜样，联合反对者，使被偏执和恐惧撕裂的民族得以和解。曼德拉和甘地都将和解与谈判看作弥合民族裂痕的途径，但两人谁也没有打算屈服。甘地写道，satya（真理）和agraha（坚定）"……产生并作为一种力量的代名词……satyagraha（非暴力不合作主义）不是消极抵抗"。

南非人民的斗争促使圣雄甘地（中）
形成了他的反种族歧视和反殖民主义的思想

甘地坚持认为，"在压迫者面前下跪是一种怯懦"。这些思想对曼德拉和20世纪四五十年代的非国大产生了强烈的影响。然而，将非暴力不合作主义用于反对一个会屈服于国内压力和国际压力（像英国那样）的政府或许是行之有效的，但对实行残酷种族隔离政策的当权者就不起作用，所以曼德拉和他的同道者们于1961年开始转向武装斗争。

因二战战败而被摧毁的德国依靠美国的马歇尔计划来进行重建，而曼德拉以自己的谦卑和慈悲给南非树立了典范。没有外来干涉决定其未来的南非，必须自己铸造自己的未来。其成败将完全取决于它的领导人能否成功，取决于它的公民有无齐心协力地建设国家的决心。曼德拉的遗产是将一种民族意识赋予了一个被人刻意深深分裂的国家。当他作为首位黑人总统开始领导南非的时候，南非于1961年成为一个共和国①的时候所制定的国家格言——团结就是力量——此时才终于体现出来。

曼德拉的伟大之处不仅体现在他的包容性，他于细微之处展现的仁慈同样深深打动了饱受道德丧失之苦的世界。自实行民主以来在历届政府供职、在曼德拉政府里担任国土管理和农业部部

---

① 1910年5月31日，《南非联邦宪法》正式生效，开普、纳塔尔、德兰士瓦和奥兰治四个殖民地合并为"南非联邦"，并成为英国的一个自治领。1960年，南非退出英联邦。1961年5月21日，南非国民党政府颁布了《南非共和国宪法》，仍然维持白人种族主义的统治。1961年5月31日，南非共和国正式成立。——译者注

长的德里克·哈尼昆说：

> 曼德拉在私下里并不总是那么谦卑，但在公众场合他待人接物的方式非常独特，让人别有感受。我手下有一个职员想要见见他。她同曼德拉握手的时候，告诉他她有一个表亲是个体育名人。曼德拉对她说："那我就不再洗手了，同您握手我荣幸之至。"这样的回答对她意义非凡。

还有一例。当年美国驻南非大使詹姆斯·约瑟夫抵达南非但尚未正式递交国书的时候，偕妻子出席一个社交活动。他们想和同样出席这个活动的曼德拉合个影，但又不愿太过唐突。曼德拉用余光注意到了这一点，便走到他们跟前。"曼德拉伸出手来说：'如承蒙二位允许我同你们合个影，我将不胜荣幸。'"约瑟夫对此记忆犹新。

德国前驻南非大使乌维·凯斯特纳博士回忆起曼德拉1996年5月对德国进行的国事访问。曼德拉在德国联邦议院发表了讲话，讲话结束之后，议员们起立给予了长时间的鼓掌。曼德拉此时并没有走回自己的座位，而是径直走到基督教民主党领导人、因遇刺受伤而坐在轮椅上的沃尔夫冈·朔伊布勒博士面前，向他问候并同他拥抱。这种姿态完全不是一般的外交礼节。

曼德拉最伟大的标志之一，就是他非常善解人意。

> 侮辱一个民族中任何一个无辜的人就等于是侮辱整个民族。因此,草率鲁莽、急躁不安、生气发怒是无济于事的。但是,如果我们冷静下来想出并适时采取抵抗措施,组成联合阵线并且忍受因抵抗带来的困难的话,上帝是会来帮助我们的。
>
> ——莫罕达斯·甘地
> 《南非的不合作主义》,1928年

南非宪法指出,南非为多样化的统一体。但是,在一点上许多南非人是非常一致的:他们都爱戴曼德拉。本书所讲的故事是一个国家追求自由的故事和曼德拉追求自由的故事。曼德拉只是一个普通人,一个因为他人认可而独特的人,一个最伟大的南非人。

镇压与反抗

在布隆方丹建立了南非土著人国民大会(即后来的非国大)组织的那些人,都是有着深刻思想的人。有许多人本身就是小农场主和商人,他们有着挫败感,感到自己的劳动所得不像白人那么多。

他们在报馆、商店的桌前坐下来,议论非洲黑人的困境,像托马斯·杰斐逊、笛卡儿、卢梭那样的伟大革命家和民主先驱们一样,讨论该怎样对待这一困境。

托马斯·杰斐逊（1743—1826年），美国政治家、思想家、哲学家、科学家、教育家，第三任美国总统，美国独立战争期间的主要领导人之一。1776年，作为一个包括约翰·亚当斯和本杰明·富兰克林在内的起草委员会的成员，起草了美国著名的《独立宣言》。此后，他先后担任了美国第一任国务卿、第二任副总统和第三任总统。他在任期间保护农业，发展民族资本主义工业。从法国手中购买路易斯安那州，使美国领土增加了近乎一倍。他被普遍视为美国历史上最杰出的总统之一，同华盛顿、林肯和罗斯福齐名。

勒内·笛卡儿，1596年3月31日生于法国安德尔—卢瓦尔省的图赖讷（现笛卡儿，因笛卡儿得名），1650年2月11日逝世于瑞典斯德哥尔摩，是世界著名的哲学家、数学家、物理学家。他对现代数学的发展做出了重要的贡献，因将几何坐标体系公式化而被认为是解析几何之父。他还是西方现代哲学思想的奠基人，是近代唯物论的开拓者且提出了"普遍怀疑"的主张。黑格尔称他为"现代哲学之父"。他的哲学思想深深影响了之后的几代欧洲人，开拓了所谓"欧陆理性主义"哲学。堪称17世纪欧洲哲学界和科学界最有影响的巨匠之一，被誉为"近代科学的始祖"。

> 卢梭（1712—1778年），法国伟大的启蒙思想家、哲学家、教育家、文学家，是18世纪法国大革命的思想先驱，启蒙运动最卓越的代表人物之一。其主要著作有《忏悔录》《论人类不平等的起源和基础》《社会契约论》《爱弥儿》《新爱洛伊丝》《植物学通信》等。

曼德拉的朋友、同志之一的戈文·姆贝基曾经写道，在20世纪四五十年代的时候，他们是怎样蜗居在翠绿的山谷里，坐在卷成卷儿的大衣上，用毯子裹住肩膀，轮流抽上几口装了有刺鼻味道烟叶的烟斗，思考着19世纪长达100年的反占领斗争在进入新世纪后应当如何继续。

他们坐在冰冷的水泥抹成的床上，铁皮火盆里的火光照亮了冰冷的流动工人的宿舍，谈论着他们被迫离开的土地及他们做苦力的煤矿；他们思考着什么才是黑人重新夺回他们自己的国家的最佳途径，怎样才能获得尊严以及他们与生俱来的权利。

所以，在南非联邦建立两年之后的1912年，他们分别乘火车、骑自行车、坐牛车，乃至步行来到布隆方丹组建南非土著人国民大会，而一年之后南非政府开启了用激烈手段剥夺非洲黑人土地权的进程。白人殖民主义者对黑人拥有土地权非常不高兴，先是通过战争，后又通过有关驱逐黑人的法律，将黑人驱赶至越来越小的农村地区，并且以立法的形式迫使他们来到日益膨胀的城市地区以及煤矿找工作。

这些问题令土著人国民大会的知识分子们深感不安,他们试图同政府和反对党进行对话并同时想获得组织起来的工人们的支持。然而,象征社会主义的红旗开始在罢工集会上飘扬,1922年的煤矿工人罢工发生之后,南非国民党政府总理詹姆斯·巴里·姆尼克·赫佐格进行干预以使结果有利于白人工人。其分而治之的政策此后成了国民党政策的基石。生机勃勃的多种族工会运动开始瓦解,黑人的工会运动开始崛起。在连续几届政府镇压黑人工会并且给予未加入工会的白人工人特权的时候,白人工人拒绝帮助组织起来的劳工。这些特权包括将某些工种专门留给白人,也包括对黑人工人进行限制。

后来与曼德拉同陷牢狱的戈文·姆贝基曾经写道:"1936—1946年的十年,标志着我们的解放斗争由消极对抗而进入一个新阶段。全非大会在此之前已经建立,目的是将开普敦各行各业的全体南非黑人组织起来,同剥夺黑人公民选举权的不合理制度做斗争。但是随着1936年《黑人代表权法案》的通过,全非大会没有了奋斗目标。"该法案将开普敦的黑人选民放在不同的选民区里,而开普敦是过去80年中唯一允许黑人投票的地方。

曼德拉拍案而起。这种愤怒是他在安东·列姆贝德领导下组建非国大青年联盟的动机之一。曼德拉和他的朋友奥利弗·坦博、沃尔特·西苏鲁迅速成长为高级干部。当时他们已经注意到政府当局与黑人群众之间形成的一种新的模式,这种模式后来深深植入南非的政治生活中:镇压—反抗—再严厉镇压—再激烈反抗。而且在过去几年中,越来越多的反抗种族隔离制度的人被迫转入地下进行武装斗争。

> 我已经将我的一生献给了南非人民的斗争。我反对白人统治,也反对黑人统治。我的理想是建立一个所有人都能和谐地生活在一起、有着平等机会的民主自由社会。我希望我能为这个理想而生,为实现这个理想而奋斗。如果有必要,我愿意为实现这个理想而牺牲生命。
>
> ——纳尔逊·曼德拉
> 法庭上的辩词,1963 年

M 计划

1950 年,一连串纪念活动相继开展。6 月 26 日前后,非国大和南非印度人大会宣布,为纪念 1949 年在当时的纳塔尔省所发生的黑人与印度人之间的冲突事件,将举行全国抗议和哀悼活动。受到圣雄甘地主张的非暴力抗议活动的影响,非国大和南非印度人大会于 1952 年 6 月 26 日开展了"蔑视不公正法令运动",有 8 400 人因参加抗议种族隔离法的活动而被投入监狱。曼德拉担任自愿抗议活动总指挥,来自印度人大会党的聿苏弗·卡查利亚担任副总指挥。

曼德拉和坦博仅几个月后就开始了他们自己的律师事务所的业务。德兰士瓦律师协会随即就试图将在约翰内斯堡地方法庭附近的法官大厦二楼窗子上的"曼德拉和坦博律师事务所"的字样给拆除掉。因为曼德拉在南非非国大"蔑视不公正法令运动"中所扮演的角色,该协会请求最高法院将曼德拉的名字从律师花名册上删除,但他们未能得逞。

曼德拉(中)在 1952 年"蔑视不公正法令运动"中

曼德拉认识到有必要保密,就设计了 M 计划。该计划为:非国大各支部以街道为单位划分为若干小组,每七个小组组成一个区,每四个区又组成一个行政区。这后来成为非国大政治活动家和"民族之矛"地下基层组织的基础。M 计划（尽管当时不叫这个名字）在 20 世纪 80 年代的成功实施，使得街区委员会和社区委员会在各个城镇的反抗种族隔离制度的斗争中大量涌现。戈文·姆贝基后来回忆道："南非当局通过其镇压黑人的法律，不断地迫使我们深深地转入地下，磨炼我们的动员能力和我们的作战行动，这反而使我们越来越强大。"

M 计划对于后来形势的发展至关重要。Z.K.马修斯教授，非国大最受人尊敬的领导人之一，深受《大西洋宪章》和美国总统富兰克林·D.罗斯福提出的四大自由（言论自由、信仰自由、免于匮乏的自由和免于恐惧的自由）的影响，提出制定一个《自由宪章》。那一年非国大全国代表大会呼吁组建人民代表大会。1955 年 6 月 26 日，在位于约翰内斯堡附近的克里普敦村举行的会议上，他们起草了《自由宪章》，这是赋予地位最低下群体平等权利和共享产生于自然资源的国家财富的基本原则的宣言，它后来成为非国大沿用几乎 40 年的重要组织和政策宣言。

叛国案审判始于 1956 年，时间长达 4 年。156 名受审判者中有奥利弗·坦博、纳尔逊·曼德拉、沃尔特·西苏鲁、本·图洛克（曾撰写了《自由宪章》中涉及的经济条款）以及海伦·约瑟夫。在审判期间，政府企图证明《自由宪章》是一份宣传共产主义的文件。接近 1961 年 3 月底的时候，曼德拉出席了在彼得马里茨堡举行的"全体南非人会议"，并呼吁在成为共和国之前召开全国大会。当时的南非正处在摆脱英国殖民统治、建立共和国的进程中。

《新世纪》是 20 世纪 50 年代反种族隔离制度最重要的报纸

曼德拉与非国大组织了 1961 年 5 月 29 日至 31 日的大罢工。有 1 万多人拒绝上班,其中大部分是黑人。但是由于大规模的军警镇压,大罢工的浪潮在第二天就开始减弱了。曼德拉写了一份长达 13 页的总结报告，其中有 5 页的篇幅专门斥责媒体的软弱，指责它们未能为大罢工制造舆论。后来，媒体发表文章说，罢工已经失败。

1955 年 6 月 24 日，人们在街头为《自由宪章》的实施征集签名

通过其地下领导机构于 1961 年 6 月 26 日发表的文件《自由、正义与尊严》，非国大认为："大规模的不与政府合作的运动将会立即在全国各地展开……我们计划让政府瘫痪，它们休想期待被剥夺了投票权的人会继续给一个对自己不负责任的政府纳税……"

1962 年 1 月，曼德拉出境考察了北非、东非以及欧洲的一些国家。在此期间，他会见了主要的非洲国家领导人。在阿尔及利亚接受了军事训练，短暂会见了逃离南非、在境外建立武装组织的"民族之矛"成员。

1962年，曼德拉离开南非访问了几个非洲国家，还在伦敦会见了政治领袖。图为曼德拉在威斯敏斯特大教堂外留影

曼德拉回到南非不久即遭到逮捕，罪名是非法离境和煽动工人罢工。曼德拉出庭受审时，肩膀上横披一件兽皮，他的妻子温妮身穿一件科萨人的传统衣裙。曼德拉显示出了作为黑人酋长的气概。这显然是一种战略考虑的行为，在将泛非主义信息传给多疑的种族主义者的同时，如此穿着是向传统的非洲人表明，曼德拉是在为他们代言。

曼德拉在后来的声明中谈到了非国大对他的重要性。他说：

> 非国大的政策迎合了我内心深处的信念。它寻求全体黑人的团结，消除非洲黑人不同部落之间的分歧。它寻求非洲黑人在他们自己出生的土地上获得政治权利……我一向首先把自己看成是一个非洲人爱国者。今天，我被建立一个无阶级社会的理想所吸引。

或许，这番话由于过于惹人注目而无端招来指控，但是曼德拉的话是针对历史而言的。

1963年7月11日，历史叩开了位于约翰内斯堡以北的里沃尼亚的里列斯利夫农场的大门。在两年左右的时间里，非国大的领导机构利用该农场作为安全的藏身处。（他们也用约翰内斯堡市中心的科霍尔瓦德大厦，此处原为甘地建立并用以召开地下会议。许多非国大的成员，包括艾哈迈德·凯瑟拉达在内曾在此居住过。然而，警方从未发现过有重要会议在这儿举行。）"民族之矛"总司令部的所有成员都是在里列斯利夫农场的藏身处遭到逮捕的，只有威尔顿·姆克瓦伊除外，他是稍晚才被拘捕的。

几个月之后，在罗本岛监狱度过了三年刑期的曼德拉，被转移至比勒陀利亚地方监狱，与自己的战友到了一起。他在里沃尼亚叛国案中受审，该案的正式名称为"国家诉非国大总司令部及其他人案"。

曼德拉（第三排中间）与受审的战友在一起

里沃尼亚叛国案的八名受审者，
第一排左起第一位为纳尔逊·曼德拉

里沃尼亚叛国案审理过程中，身穿传统科萨人服装的温妮（中）与身穿格子服装的维奥莱特·温伯格（右）在一起，其周围为同情受审者的民众

政府的目的是要判处被告死刑，但未能得逞。主审法官将他们判处终身监禁。后被称为"里沃尼亚受审者"的他们，除一人外，均被送至罗本岛监狱服刑（因为丹尼斯·戈德伯格是白人，留在比勒陀利亚中心监狱服刑）。

"民族之矛"

"民族之矛"的主张如下：

"民族之矛"站在保卫人民的前线。它是人民群众反对政府及其种族压迫政策的武装组织，是人民群众为自由而战、为权利而战、为最终的解放而战的打击力量。

1961年，在持续三天的5月底大罢工之后，曼德拉写道：

在与一个给非洲人带来诸多苦难的野蛮政府打交道时，继续宣传使用和平手段和非暴力主义，在政治上是正确的吗？

戈文·姆贝基写道：

在"蔑视不公正法令运动"期间的一次农民会议上，一位老人为农民典型的朴实逻辑进行辩解说，非洲黑人之所以在剥夺战争中失败就是因为农民使用的武器不敌布尔人①的

---

① 布尔人，即南非荷裔白人。——译者注

武器。他认为，除非纠正这一不平衡，否则"蔑视不公正法令运动"就没有任何意义。对在这样一场运动中使用非暴力的任何讨论只能令布尔人高兴。说完，他拿起坐在屁股底下的旧军服，抖掉上面的草屑，拂袖而去。

非国大花了七年时间才做出了要拿起武器的决定。前交通部部长马克·马哈拉吉回忆说：

> 早在1953年，他（曼德拉）与他的战友沃尔特·西苏鲁就开始探索进行武装斗争的必要性和可能性。他在一次公开会议上表达了自己的观点并被召到全国执委会上做出解释说明。他接受了战友和领导的批评，并且从不把这次批评看作对自己的不敬。这有助于磨砺他审时度势的本能，以及懂得怎样才能努力奋斗，更好地改造非国大，使其履行职责。

这是一个困难的决定，一个引起非国大内部激烈争论的决定，但它又是一个得到普遍赞同的决定。法国著名作家、同样也是在二战期间抵抗传单的著名写手阿尔贝·加缪在其于1943年所写的《致一位德国友人的信》中，描写了做出同样决定的困难性。他说，法国抵抗力量在做出拿起武器的决定时表现出的踌躇意味着：

> 我们为此付出了代价，我们付出的是：羞辱和沉默、痛苦的经历、在监狱服刑、黎明时被处死、抛弃和隔离、每天的饥饿、以及待解放的孩子们，尤其是对我们作为人类的尊

严的羞辱。我们花了那么多时间去弄明白我们是否有权去杀死他们……这一代价使我们懂得了虽然在刀剑面前精神完全没有用，但是比之只用刀剑，精神与刀剑相结合才能使我们赢得胜利……

这些话本应被一位非国大的成员写下来，不仅是在20世纪60年代初，而且直到1994年民主选举之日。

> 我们有怨言并非因为与别国人民相比我们穷，而是因为与我国白人相比我们穷，而且因为法律禁止我们改变这种不平等。
>
> ——纳尔逊·曼德拉
> 在被告席上发表的声明，1962年

南非国民党政府在赢得1948年大选后的头两年内迅速制定的法律及对付不同声音所采取的严厉措施加剧了非国大是否进行武装斗争的争论。这些法律使得种族问题成为南非人能够爱谁、能够在哪儿居住、在哪儿上学、在哪儿做工的决定性因素。羞辱成为黑人们每日的精神负担，而机会则为白人所独有。这些法律包括：《禁止异族通婚法》（1949年）、《不道德修正案》（1950年）、《人口登记法》（1950年）、《抑制共产主义法》（1950年）、《族群住区法》（1950年）、《土著人证件废除和证件分类法》（1952年）、《隔离设施法》（1953年）和《班图人教育法》（1953年）。[①] 这些法律连同其他法律一道，对黑人做出了种种限制，例如禁止黑人在白人区域上大学等，并将占总人口数80％的黑人牢牢限制在仅占国土面积13％的贫瘠土地上。

在"民族之矛"组织的早期阶段，担任领导人的曼德拉根本不懂战争，不懂武器，不懂军事战略。已故的乔·斯洛沃曾是约翰内斯堡的一名律师，后来担任了"民族之矛"的参谋长。他曾回忆道，1960年至1961年最初那段岁月，他们那么多人中连一支手枪都没有，没有人从事过用自制炸药在城里搞破坏的事。杰克·霍奇森经历了整个二战，是一位参加过埃塞俄比亚抗意战争的老战士，是反法西斯和反种族隔离的组织"斯普林博克军团"的领导人。此时，一袋又一袋的高锰酸钾被弄到了霍奇森夫妇的家里，这种通常用来洗莴笋的物质，只要先与铝粉混合，再滴上少许酸进行催化，即制成高效炸药。他们花了许多天的时间用研钵和研杵将这些物质研磨成细末，并配上了定时装置用以计算作为催化剂的酸需多久才能腐蚀包裹高锰酸钾的厚硬纸板，以便制作爆炸物。（1960年）12月16日之后，"民族之矛"组织中的许多人的家遭到突袭搜查，但霍奇森夫妇的家却得以幸免。

斯洛沃打算用这种简易的爆炸物炸毁约翰内斯堡的训练厅，1956年叛国案预审就是在那里举行的。他进入厅里的时

[①] 据不完全统计，南非国民党上台后共通过了包括上述法律在内的350余项种族隔离主义法律，残酷剥夺了黑人作为公民的基本权利。——译者注

候，有50多名清洁工在擦洗地板和木椅。他将瓶子倒置在橱柜的后面。此时他听到有人问了一句："先生，我可以帮你什么忙吗？"

斯洛沃知道用不了15分钟，酸就会渗透进高锰酸钾进而爆炸，就谎称自己的兄弟接到了征兵令，但是需要参加一项考试。这位官员让斯洛沃跟他走。幸运的是负责免服兵役的官员不在，斯洛沃被告知第二天再去。他飞快地抓起装有这种爆炸物的网球球筒，摘除了炸药的引线。

第二天，斯洛沃和战友发现，比特罗斯·莫利夫因为炸弹提前爆炸在一处袭击目标附近被炸身亡，他成为"民族之矛"第一位在行动中牺牲的干部。

"民族之矛"的第一次炸弹试验在一个废弃砖厂进行。曼德拉领导了这次试验，其目标是用一枚燃烧弹炸毁一堵墙，以及将炸弹埋在坑里从而计算其爆炸时间。据他们反复计算，炸弹应该在15分钟后爆炸，但25分钟还未炸响。此时有人自告奋勇下到坑里去调节炸弹，他刚爬出坑炸弹就爆炸了。不久之后他们又进行了多次试验，以增强炸弹的可靠性。

1961年的某日，乔·戈卡比和乔·莫迪斯率领一支部队于凌晨三点来到新加拿大火车站，他们将一块石头拴到一根金属丝的一端，并将其甩到给火车提供电力的电线上。莫迪斯回忆道：

1979年，非国大训练有素的所罗门·马赫兰古部队袭击了萨索尔炼油一厂和萨索尔炼油二厂。这两次行动是非国大最重大军事胜利的一部分，行动中无人牺牲。该部队也袭击过几个图中这样的石油仓储库

我们看到铁丝一接触到电线，电线就发出一道蓝色火焰。我们以为肯定会造成短路，但令我们失望的是，一个小时后还是有火车通过了。戈卡比后来将一个长条形炸药包置于电线上，尽管炸弹爆炸了，但破坏效果很一般。

后来他们又去了约翰内斯堡市郊的蒙德尔，当时那里还是人口稀疏的农村。他们将一根铁丝拴到电话线上，用汽车把电话线拽断。

当时，易卜拉欣·伊斯梅尔·易卜拉欣当时与罗尼·卡斯利尔斯、比利·纳伊尔和库尔尼克·恩德洛夫都是纳塔尔省最高统

帅部的成员（布鲁诺·莫托罗，即里沃尼亚叛国案中做了叛徒的"污点证人"，也是其中一名成员）。易卜拉欣回忆道："……早期的训练是非常简陋的，我们仅有一些偷来的炸药。既没有左轮手枪，也没有自动步枪，更不要说怎样使用这些武器了。"第一次偷炸药的时候，他们看到了一些跟炸药放在一起不起眼的小东西，就将之忽视了，后来才知道那是炸药的雷管。

1986年是非国大军事组织"民族之矛"成立25周年，那是一段南非当局拘禁和镇压行动十分剧烈的时间。"民族之矛"的总司令奥利弗·坦博说：

> 当时我们的问题不是要不要战斗，而是该怎样继续战斗。非国大的领导层一直主张没有种族歧视的民主，我们减少了军事行动，因为军事斗争有可能会使不同种族进一步分裂。但是长达50年的非暴力斗争（"民族之矛"成立之前）只是给南非人民带来了越来越多的镇压以及越来越少的权利。

"民族之矛"基本上是一支乌合之众式的杂牌军，他们既不懂20世纪80年代政府当局的战略——即日益加强的凶悍军警的拷打和镇压，也不知道那些在自己阵营内被怀疑是间谍的人是谁。

1976年索维托发生的反对将"南非语"（Afrikaans，即南非白人讲的荷兰语）规定为教学用语的抗议，很大程度上是被"黑人觉醒运动"激发起来的。这场运动改变了处于弱势的游击队似的"民族之矛"的地位。南非警察悍然朝游行示威的学生开枪，打死了年仅 10 岁的赫克特·彼得森及很多其他学生。这之后一场暴风雨般的革命浪潮席卷了全南非,黑人纷纷开始议论革命,议论着结束白人的统治。

"民族之矛"的杂志《黎明》纪念"民族之矛"成立 25 周年时的专刊指出:

> 几乎一夜之间,索维托的青年一代使得我们打破了敌人寻求将我们与群众分开的壁垒。成千上万的青年越过边境接受训练,准备参加非国大和泛非大会。泛非大会反对白人参加黑人的解放斗争,但其斗争准备则不如"民族之矛"做得周全。这些年轻人积极性很高,态度鲜明,而且对现实不满,他们想要改变遇到的所有人的生活——包括他们自己的。但泛非大会并未准备充分,以致无法接纳如潮水般涌入的年轻人。

到非国大于 1985 年在卢萨卡①举行全国协商会议的时候(与上次在南非合法举行协商会议已经相隔 26 年),很显然,它依然把武装斗争看作主要的抵抗手段:"……我们的武装部队应该立足于人民群众,依靠人民群众的保护和支持,并且与此同时号召更广大的人民群众参加战斗。"

---

① 卢萨卡,赞比亚首都。——译者注

爱,永不止息

爱是恒久忍耐,又是恩慈;爱是不嫉妒,爱是不自夸,不张狂,不做害羞的事,不求自己的益处,不轻易发怒,不计算人的恶,不喜欢不义,只喜欢真理;凡事包容,凡事相信,凡事盼望,凡事忍耐。

——1998年7月18日,在纳尔逊·曼德拉和格拉萨·马歇尔的婚礼上,大主教图图所读的《新约全书·哥林多前书》第13节的内容

2007年，曼德拉偕夫人格拉萨·马歇尔在约翰内斯堡和他们的孩子一起参加为他举行的89岁庆生会

在非洲，即使一个 80 岁的老翁结婚也必须要与部落酋长商量，这一点与他是否是国际知名人士抑或是否领导着该酋长所居住的国家都无关。因此，纳尔逊·曼德拉在同莫桑比克前第一夫人格拉萨·马歇尔结婚两个星期之后，即前往自己的出生地去见滕布部落的老人们，请求他们原谅自己未事先征求他们的意见。只有个别老人埋怨曼德拉没有事先请示，但大多数人则未予计较。南非国家传统领袖院主席帕特吉尔·霍洛米萨说，曼德拉 1998 年 7 月 18 日的婚礼恢复了一种古老的传统："酋长的儿子迎娶别的酋长的女儿。这种通婚会带来部落之间的和平，巩固部落之间的关系，所以曼德拉此举象征性地加强了南非与莫桑比克之间的关系。"

时任最高酋长的滕布部落领袖、同样也是曼德拉的侄孙的伊力奎欧·达林迪埃伯，也并未对曼德拉未循传统而不满。作为一位现代社会的部落酋长，达林迪埃伯力求寻找传统与现代社会的道德规范和约束之间的平衡。他仅有一妻，尽管依照传统他可娶多个妻子。曼德拉的父亲噶德拉·亨利·姆普哈卡尼斯瓦是一位

南非东开普省滕布大庄园的一处房舍,幼年时的曼德拉就生活在这里

娶有四个妻子的资深酋长,其中第三个妻子诺塞凯尼·范尼便是曼德拉的母亲。

曼德拉开创了一个先例:1940年,他的叔叔试图包办他的婚姻,22岁的曼德拉因此逃到了约翰内斯堡。他对要娶的女人有着具体的要求:第一,必须是他选中的,第二,她必须要有知识。此外,当他认识姑娘的时候,也着力看重她们是否像他母亲一样——他要求自己的女人必须有他母亲那样的能力和适应力,同时具有强烈的自我独立意识。他曾经对一个女人失去兴趣,原因就在于她缺乏这些要素。

曼德拉在约翰内斯堡认识了一位沉静、漂亮且小他4岁的姑娘，这就是伊芙琳·恩托克·梅斯。她是矿业协会的一名护士，是特兰斯凯一名矿工的女儿，她支持曼德拉实现成为一名律师的梦想。曼德拉在一所地处偏僻的大学——培养出了许多黑人领袖的福特海尔大学——读书，并在那里获得了文学学士的学位。该校坐落在东开普省一个破旧的村子里，正是在这里他与一位个头瘦小、戴着眼镜、同为《圣经》社成员的同学成了好朋友，这个人名叫奥利弗·坦博。两人志同道合，都有志成为律师，也都认为肤色不应成为成功与否的决定性因素。

在约翰内斯堡，沃尔特·西苏鲁，这位曼德拉的战友，在白人圈里有关系很好的熟人。据他自己说，这是因为他当时跟他的两个兄弟住在一起，而这两人是她母亲在做女佣时与东伦敦的一个富有的建筑商的私生子。因为这层关系，西苏鲁为曼德拉在维特金—赛德尔斯基—埃德尔曼公司里找到了一份工作。

出于对预期收入的乐观估计，曼德拉与梅斯结了婚，并且很快就有了三个孩子，随后的第四个孩子是个女儿，不幸夭亡。梅斯一方面养育孩子，另一方面因虔诚的宗教信仰而加入了"耶和华见证人"[1]教团。这是一个禁止其信徒参加政治活动的教派，所以她与曼德拉的婚姻开始紧张起来。1953年曼德拉与伊芙琳失

---

[1] 耶和华见证人，原文是 Jehovah's Witness，是一个基督教教派。该教派相信《圣经》上说的每一句话都是真的，认为世界末日即将来临。信徒上门传教，并试图说服人们购买他们的宗教杂志《守望塔》。他们还相信战争是错误的，并拒绝服兵役。——译者注

和，尽管曼德拉的表亲凯泽·马坦奇马进行了调停，他们的婚姻最终还是未能挽回。曼德拉对伊芙琳清楚地表示，对这段持续九年的婚姻进行挽回的尝试是徒劳的——他已经结识了温妮·诺姆扎莫·马蒂吉泽拉——1958年，他们的离婚得到了准许。

在离开他们位于奥兰多·韦斯特的家时，伊芙琳带走了全部三个孩子：两岁的马卡兹维、五岁的马克贾托和八岁的马迪巴。她回到了特兰斯凯，开了一家日用品杂货店。马迪巴1969年死于一场车祸，当时曼德拉还在监狱服刑。对于与伊芙琳婚姻所生的孩子，曼德拉为自己未能成为一个好父亲而十分悲痛，也十分内疚，但当局不允许他参加孩子的葬礼。

直到2004年去世，伊芙琳一直住在科菲蒙瓦巴的农村，房子虽然简陋但十分舒适，客厅里挂满了孙辈们的照片。对于与曼德拉的离婚，伊芙琳生前并没有什么怨恨。每当有人问到他们离婚的缘由时，伊芙琳就会告诉他们："曼德拉当时想要我参与政治活动，而我想要他追随上帝。"

1955年，曼德拉认识了一位23岁的姑娘，她皮肤光洁、笑颜常开，跟曼德拉自己一样充满激情，这就是温妮·诺姆扎莫·马蒂吉泽拉。她似乎跟曼德拉完美匹配，并重新唤起了曼德拉的浪漫爱情。温妮的父亲叫哥伦布·马蒂吉泽拉，是特兰斯凯当地的一名杰出的政治家。温妮出生在这样一个地位显赫的家庭，因此比伊芙琳更适合曼德拉。温妮是巴拉格瓦纳斯医院从事社会福利工作的第一名黑人员工，并很快就成为曼德拉好友的妻子阿尔贝蒂娜·西苏鲁的朋友。于是，曼德拉终于找到了一位有政治热情、有自信品质的女性。他发现温妮是一位很好的倾听者，并且完全支持自己的政治观点。温妮有着敏锐的判断力，乐于响应采取行动的政治号召。另外，她长得很美，嗓音浑厚，说话很有号召力。

1958 年 6 月 14 日，曼德拉与
温妮·诺姆扎莫·马蒂吉泽拉在婚礼上

温妮回忆道，两年之后的一天，曼德拉开着车，来到她跟前说："有一个女裁缝，你去见一下她，让她来给你做一件结婚礼服。你想要几个人给你做伴娘呢？"1958年6月14日，曼德拉与温妮举行了婚礼，第二年2月生育了泽纳妮，紧接着于1960年12月生了津齐。温妮成功地处理了做母亲和参加政治活动之间的关系，而伊芙琳却未能处理好信仰宗教和养育子女的关系；面对困难，温妮恬淡寡欲，勇气非凡，这让曼德拉十分惊讶：当曼德拉于1963年在大西洋的监狱之岛——罗本岛开始服刑从而在公众面前消失的时候，没有谁能比温妮更能让他的名字长期在公众面前保持存在感的了，但是在这之前还发生了许多事情。

长达数十年的苦难与政治迫害早在1959年就已开始，那年温妮因参加游行示威遭到起诉后又被无罪释放。1960年，非国大遭到查禁，曼德拉转入地下活动，被称为"黑花侠"。他在阿尔及利亚和埃塞俄比亚接受了军事训练，除到过欧洲外，还访问了非洲的其他几个国家。在后来接受我的采访时，曼德拉深情地、也有点愉悦地谈起这段时间的经历。他于1962年遭到逮捕，并被处以三年徒刑。同时温妮第一次得到（以后还有多次这样的禁令）禁令，禁止她离开约翰内斯堡，并且从黄昏到黎明都不许出门。1963年，曼德拉遭到指控，与其他在里沃尼亚叛国案中遭到审判的人一起被判处终身监禁。

随着非国大大部分领导人要么遭到监禁要么流亡在外，像"国际辩护与援助基金"这样的组织在伦敦建立起来，流亡战士的子女因之得以接受教育，遭监禁的解放斗争的革命者的妻子们的生活也因此得到了资金援助，然而温妮在生活上依然艰辛。阿明·卡吉雇用她到自己的位于约翰内斯堡的修鞋店工作，但是秘密警察的监视和骚扰非常频繁，以致阿明·卡吉的生意深受其扰，于是温妮选择了主动离开。在后来的采访中，温妮给我讲述了她的极度孤独的经历。别人都害怕跟她交朋友，来访者也很少，因为警察不仅经常突然袭击她的家，而且就在她家附近对她和来访者的活动进行监视。

因为秘密警察的骚扰，温妮努力想保住一份工作，最终一家名为弗兰克—赫希的摄影器材公司不惧骚扰雇用了她。该公司一直付给她工资，甚至 1977 年温妮被放逐到位于南非腹地的一个脏乱不堪的小镇——位于自由邦的布兰德福特后依然如此。

温妮在布兰德福特流放期间

在此之前，温妮的生活很孤独，但她在约翰内斯堡得到了好朋友的支持。她的孩子常常住在艾玛家、罗伊家、因德雷斯·奈都家以及海伦·约瑟夫家，他们东挪西借，筹集有限的钱财来周济温妮和她的女儿们。尤其是无儿无女的海伦，作为一名出生在伦敦的积极从事反种族隔离的活动家，她将温妮的女儿视如己出。后来，国际辩护与援助基金出手相援，将温妮的女儿们送到斯威士兰一所条件很好的寄宿学校去上学，这样她们不仅远离了南非秘密警察的监视，而且离温妮不远，也可偶尔回来看望母亲。

1975 年，曼德拉的女儿津齐获准探访她的父亲，并且她还获准于 20 世纪 70 年代末结婚后对曼德拉进行"接触性探视"——直到 21 年之后，曼德拉和温妮才被允许有接触性探视。起初，曼德拉一年只被允许探视两次，一次仅半个小时，他们只能通过麦克风说话，隔着厚厚的狭窄玻璃窗互相凝视。探视受到狱方监视，并且如果当局认为谈话内容不当，一道幕帘就会猛地落下，将他们隔开。不仅如此，这还会影响以后的探视和每年五次的通信。

秘密警察特别喜欢跟踪监视温妮，而她也十分受记者青睐，因为她不仅长得漂亮，而且充满智慧，有清晰的见解。此外，温妮在团结广大群众支持非国大的事业方面也很有才干。1969年 5 月 12 日，根据 1967 年制订的《反恐怖主义法》，温妮与其他 22 人一起遭到拘留。当警察前来逮捕她的时候，只有她和两个女儿泽纳妮和津齐在一起，两个孩子都未满 10 岁。警察对她们非常粗暴，而且不允许温妮打电话请人来照顾她们。若干年后接受我的采访时，温妮告诉我："我在长达 17 个月的时间里，没有两个女儿的任何信息，那是对我最大的折磨。"

在拘禁期间，监狱当局强迫温妮和许多其他女犯赤身裸体，不给她们使用卫生巾，不允许她们清洗下身，以致流到腿上的经血常常黏结成块。说到这段时间遭受的痛苦时，温妮的目光变得黯淡，声音低得近乎耳语。她说她当时整日与蚊虫为伍，渴望有机会"冲出监狱"。她从未忘记这段经历给她造成的深刻创伤，这一创伤也许导致了她后来做出了许多出乎他人意料的事。1991 年，温妮说过这样的话："我经历了人世间的所有苦难……折磨和拘禁。"但是，这句看似夸张的话对于与温妮一样的成千上万南非人所遭受的苦难而言，却又显得有些轻描淡写了：12 500 人提供给真相与和解委员会的证据和 7 500 名受害者提供的证词，控诉了那些持不同政见者、失踪者、迫害致死的人和受到警方骚扰的人所经受的折磨和生化武器的摧残。

主持真相与和解委员会工作的大主教图图，听到秘密警察用包括烧死、肢解等在内的残暴手段迫害黑人的真相时，不止一次地趴在办公桌上失声痛哭。其中最令人痛苦、最引人注目的证词是：20 世纪 80 年代温妮卷入了一场两名少年被害的事件。据称，温妮刺死了其中一名十几岁的少年斯托姆皮·塞佩，这名少年喉咙上挨了两刀，他的尸体被所谓的"曼德拉联合足球俱乐部"的球员抛弃。毫无疑问,温妮在 1969 年及以后的岁月中所遭受的磨难在其余生中一直折磨着她,以致她患上了创伤后压力综合征。这种综合征是由长期的监禁和折磨所致,它可以被压抑很长时间,但是一旦被压力刺激,患者就会产生暴力或古怪行为,温妮的杀戮行为即根源在此。曾被关押在波兰奥斯维辛集中营的意大利犹太人普立莫·利瓦伊写道:"被折磨过的人依旧被折磨着……它会导致无端的暴力……并无法被治愈。"更有甚者,这种综合征不仅无法被治愈,而且能够导致严重的心理创伤。

> 我常常在想,是何等残酷的环境,才能使将一个年轻而稚嫩的女人抛弃在冷酷无情的沙漠上的行为得到谅解。
>
> ——纳尔逊·曼德拉

> 我一直希望为你建造一处避难所,哪怕很小。那样的话,我们就可以在恶劣旱季到来之前有栖身之处一起生活。
>
> ——纳尔逊·曼德拉从罗本岛写给温妮的一封信

在反抗中团结起来

1976 年 6 月 16 日,索维托的学生上街游行,抗议将"南非语"规定为教学语言,但遭到了警察的开枪射杀。在后来的几个月的时间里，有数千人（在抗议活动中）受伤，500多人死亡。在"黑人觉醒运动"中的黑人父母大会组织里，温妮和其他父母十分活跃，这导致她和数十名父母遭到逮捕。曼德拉赞同温妮参与政治思想不同于非国大的黑人组织的活动，他在一篇两年后才秘传到卢萨卡的非国大领导人之中的讲话里指出：

> 胜利的首要条件是黑人的团结。任何分裂黑人、用一派黑人组织打压另一派黑人组织的做法必须被坚决反对。我们的人民，无论非洲本土黑人、印度人还是有民主思想的白人，必须团结起来，构筑坚实的反抗的长城……

曼德拉发出的号召在非国大种下了一颗种子，最终导致1983年南非有史以来最成功的合法抵抗运动组织——联合民主阵线（后来又易名为群众民主运动）的建立，该组织后来在德克勒克总统颁令解禁政治组织之后才解散。

但是要想实现这一点，如果各群体单独行动的话，就会增加痛苦和牺牲，所以曼德拉强烈呼吁大家联合行动。他写道："烈士将永远活在我们心中，他们的牺牲就是对我们不团结的批评，是对被压迫者之间存在严重分裂这一缺点的批评，是对我们应该付出努力力求团结一致的鞭策，是在告诫我们：人民尚未自由。"曼德拉在写给温妮的信里，表达了自己的感情和对她的思念，称赞她的勇敢和积极主动，渴望她的探视，询问孩子们的情况。曼德拉请求自己的好友海伦·约瑟夫能够多照顾一下温妮。他们也通过其他囚犯向曼德拉传送信息或由探视者通过密语与他进行交流。罗本岛监狱有着高效率的秘密渠道，使得像收音机和书籍这样的宝贵物品可以绕过看守送到囚犯手上，但是有时候，曼德拉这样的人与看守之间建立起的友谊也能帮着传递信息。

曼德拉在罗本岛监狱将自己狭小的单人牢房变成了温馨的家，书柜上摆着妻子的照片以及在自己的小菜园里精心种植而收获的西红柿

1977年5月，温妮被放逐到了布兰德福特——一个自由邦附近尘土飞扬的村庄。房子虽小，但有足够的空间让她加盖了一间小诊所用来给当地群众治病，医疗器械都是由美国的仰慕者所捐赠的。美国的友好人士还送给她一床漂亮的手工缝制的棉被，令小小的卧室焕发光彩。每天上午 11 点，温妮都会等候在邮局的一个公用电话亭，接听来自世界各地的电话。起初温妮倍感孤独，虽然津齐跟她住了一段时间，但她也另有自己的生活。布兰德福特的居民分成两类，有人出手帮助她，也有人害怕帮助她会引来秘密警察的上门骚扰——前来看望温妮的人常常遭到逮捕，其中有人会被抓走坐牢。

曼德拉在写给温妮的信中鼓励她要勇敢起来："如果没有你的探视，没有你的来信，没有你的爱，我多年以前就崩溃了。"各国显要和外交官纷纷开始前来探望温妮，其中最重要的人物是美国参议员爱德华·肯尼迪。在他 1985 年来访时，随行的还有一大帮媒体记者。美国人民对温妮的同情以及慷慨的资金支持一直持续了数十年，尽管一直有争议困扰着她。

在非国大组织内，在吸引媒体关注方面没有谁能比得上温妮，也没有谁能比温妮更善于利用媒体为自己服务。

然而物极必反，媒体开始对她感到不耐烦了。到 20 世纪 80 年代初的时候，出现了有关温妮参与喧闹狂饮的聚会和与年轻人有染的报道，导致了在布兰德福特这一保守的黑人社区分成了反对她和忠于她的两派。起初，左派人士对此进行了驳斥，说这是南非当局的虚假报道，但是根据非国大支持者进行的调查，表明许多批评和说法都有根有据，于是大家不约而同地选择了缄默，此时，左倾倾向的记者则成了她的重要保护者。当温妮违反当局禁令于 1984 年返回约翰内斯堡的时候，秘密警察梦寐以求的情况出现了：温妮的性情变得傲慢起来，行为也越来越难预测。她富有传奇色彩的形象开始崩溃。当局解除了对她的禁令和放逐令，她因此可以发表言论，这加剧了她形象的崩溃，于是温妮渐渐地成为自己最大的敌人。

温妮回到了处于纷乱之中的约翰内斯堡，各个市镇乱得如同战场一般。1984年，杜杜查的非国大支持者们指控一位名叫马吉·斯科萨娜的年轻女士是警察的线人。居民们施予拳脚，把她打倒在地。有人将一只轮胎套在了她的脖子上，又有人将汽油泼在她身上，用火柴点着。当她的哭喊声划破长空时，有人用砖头、石块砸她，她最终被残忍地烧死。当晚，这一酷刑场景不仅上了南非的电视新闻，也上了全世界的电视屏幕。英国广播公司（BBC）的一名摄影记者在拍下这一令人毛骨悚然的画面后心悸不安，拒绝再到市镇报道此类暴力骚乱事件。当时暴力骚乱事件遍布约翰内斯堡各个社区，尤其是东开普省地区。后来真相与和解委员会透露，这位女士是无辜的。

1984—1985年的两年间，数十名与政府合作的人和警察的眼线被这种首先用于马吉·斯科萨娜的所谓"项链"处死法处死了。一些有经验的媒体人士不愿意去那些市镇做采访工作，因为他们不忍看到那些令人毛骨悚然的场面。1986年1月8日，非国大主席奥利弗·坦博呼吁结束"项链"处死法。于是这种行动停止了，但是一个月之后，在马姆罗迪市为遭警察枪杀的死难者举行的葬礼上，温妮面对广大群众高举拳头，大声疾呼："有了火柴和'项链',我们就能够解放整个南非!"此后,南非的黑人群众就谁的号召会更有效展开了争论。卢萨卡的非国大领导机构对此非常不满,要求温妮不要口无遮拦(这一要求非国大不止一次地提出过,只不过温妮常常充耳不闻),不要做与非国大政策相矛盾的事。那一年曼德拉把温妮召到开普敦,对她进行了严厉批评。

1986年,曼德拉联合足球俱乐部成立,它只存续了五年左右,在此期间好像仅仅踢过两场球,在其余的时间里,人们常常看见其成员在索维托到处走动,或是乘坐面包车去参加各种政治活动。球员们身穿非国大旗子颜色的球衣,温妮身穿仿制军服与他们同行。1986年是南非的恐怖之年,或许也是种族隔离残酷暴行的最黑暗之年,一年内就有3万多名南非人被安保部队拘禁。其中有超过40%的人是儿童,在他们之中最小的年仅8岁。有3名年龄分别为11岁、13岁和15岁的儿童在9天的拘禁期内死亡,警察对这些年仅十来岁的儿童使用了各种暴行,包括电击他们的生殖器、手腕、乳头和耳垂等部位。

1986年到1987年,我为"遭拘禁者父母声援委员会"做志愿工作,负责记录所有被拘禁儿童的情况。当我开始在"科特索屋"(即"和平之家",秘密警察后来炸毁了这所房子)的办公室工作的时候,年仅10岁的斯托姆皮·塞佩已经被拘禁了一段时间。我定期将一些被释放的孩子姓名从名单中删除,但是塞佩的名字却一直不在被删除之列,直至媒体披露之后,当局才被迫将他释放。1989年，在塞佩的尸体被发现一个月之后，我得知了是温妮将他的尸体从一个名叫保罗·韦林的卫理公会牧师住宅移出来的（该人后来成了该教堂的主教）。随后，我在《洛杉矶时报》上著文说："斯托姆皮·塞佩是一个坚强、勇敢的小男孩。这个老成的男孩看见自己家外面的街上有太多的人遭枪杀。他过早地了解了太多的残酷现实。"

当塞佩的尸体被发现的时候，他身上有遭野蛮殴打后留下的伤痕，喉咙遭割裂并被戳穿。1991年温妮被约翰内斯堡的最高法院裁决有罪，她被指控犯有绑架罪，是塞佩遇害案的同案从犯。温妮被判有期徒刑6年，上诉之后获轻判，改为罚款1.5万南非兰特。

南非司法首都布隆方丹上诉法院的5名法官面对这一司法难题感到非常棘手，因为他们要审判的是有可能要在一年之后成为南非第一位民选总统妻子的人。在长达192页的判决书中，他们一致维持大法官迈克尔·施特格曼对温妮做出的有罪判决：温妮于1988年12月在索维托参与绑架4名黑人男子。因此，上诉法院驳回了对温妮犯有"谋杀罪事后从犯"的轻罪指控，并且将6年徒刑减为罚款和缓期两年执行。此外，法院还下令她赔付3名幸存者每人5 000南非兰特（时约合1 650美元）的补偿金。1997年12月，应温妮的请求，真相与和解委员会举行公开听证会，调查针对她的各项指控。

会场的墙壁上一幅标语写着："我们过去曾犯下如是罪行：谋

杀、绑架、使用酷刑。"在两个星期的听证会期间，所有这些罪名都指向了曼德拉联合足球俱乐部和温妮·曼德拉（这是她同曼德拉离婚后采用的名字）。听证会证明，共有 19 人死亡，16 人遭袭。但显而易见的是，数字不止这些。

温妮·曼德拉在 1997 年的真相与和解委员会会议上

1998 年，真相与和解委员会发布的最后报告认为："温妮·曼德拉应该在政治上和道德上为曼德拉联合足球俱乐部对人权的践踏行为负责。"真相与和解委员会没有发现温妮·曼德拉直接参与被认为是曼德拉联合足球俱乐部成员所犯下的谋杀案件的证据，然而委员会认为，足球队成员进行某些犯罪行动时使用了她的车辆，因而温妮涉嫌卷入若干件绑架事件，并且某些暴行是在温妮位于奥兰多·韦斯特的房子的里间实施的。因此，温妮参与了某些行动，或者对某些行动知情。

真相与和解委员会认为，温妮参加了袭击普赫姆莱尔·德拉米尼的行动，并且包庇了杀害普赫姆莱尔的弟弟托尔的凶犯。委员会还认为，温妮涉嫌卷入了罗罗·索诺遭绑架案，她必须承担罗罗·索诺和斯波尼索·查巴拉拉两人失踪的责任——两人是被温妮的同事杰瑞·理查森谋杀的，此人后来被判有罪。委员会还认定，温妮"也应对斯托姆皮·塞佩遇害案负有责任，因为她没有负责任地采取必要措施以避免他的死亡"。委员会还进一步发现温妮卷入了谋杀勒罗托蒂·伊卡侬未遂案。此外，当麦克斯韦尔·马顿被谋杀时，温妮就在现场。

真相与和解委员会发现，凡是反对温妮和曼德拉联合足球俱乐部的人，或与他们有不同见解的人，都被贴上了"通敌者"的标签，然后就被捕杀。真相与和解委员会给出了这样的结论："遗憾的是，像温妮·曼德拉这样的、为反种族隔离斗争做出巨大贡献的英雄人物，竟然犯下了如此罪行，这给她的名誉造成了不可估量的损害。"

在1991年及之后温妮受审期间，曼德拉处之默然。面对各家报纸大量刊登的指控温妮恣意挥霍非国大公款的报道，曼德拉保持了沉默。2003年4月24日，温妮还被发现犯有一项涉及43笔假账和25笔资金的盗用罪，她的经纪人阿迪·穆尔曼被裁决犯有涉及58笔假账和25笔资金的盗用罪。裁决认为她盗用了葬礼资金（这种资金在非洲文化中十分普遍）申请人账上的款项，但是穆尔曼和温妮说他们并没有从中拿好处，温妮因此被判处5年有期徒刑，但温妮再次提出了上诉。在非国大领导机构施压之下，温妮被迫辞去了在非国大所担任的所有职务，包括议员席位和非国大妇女联盟主席的职位。

2004年7月，比勒陀利亚上诉法院的一名法官做出裁决，"温妮与穆尔曼犯下的假账和挪用罪成立，但款项并未被个人使用"。另外他还推翻了对温妮犯有盗用公款罪的裁决，但是支持对假账的裁决，因此判处她缓期执行3年零6个月的徒刑。

曼德拉在狱中从未受到拷打，但是出狱之后却因温妮的犯罪行为备受伤害。他不得不忍受尴尬与羞愧，况且他已经出狱获得自由，同事们也不能够再向他隐瞒什么，没有什么消息能瞒得住他。

曼德拉尚在狱中时，就有许多关于温妮红杏出墙的报道传入他的耳朵。就在获释前夕，一家报纸的周日专栏就刊登了温妮写给一位年轻人的情书，以及她对该情人的妻子发出的威胁话语。曼德拉的伤口开始流血了，但他没有理会这些传言，坚信"爱并不计较过错"。过了很久他才懂得，当耐心与信任被长期透支时，就得放弃爱了。

> 曼德拉告诉我，在获释后的那段时间里，他非常伤心，直到他决定离开索维托。
>
> ——大主教德斯蒙德·图图，1998年

1992年4月13日，黯然神伤的曼德拉宣布与温妮分居。在约翰内斯堡贝壳屋大厦的非国大总部，在奥利弗·坦博和沃尔特·西苏鲁的陪同下，曼德拉用颤抖的声音宣读了一份声明："温妮不屈不挠的斗争精神赢得了我个人的尊重、理解与爱慕……我对她的爱仍在。"

1996年他在离婚听证会上说："卧室是一个男人和一个女人说知心话的地方。我有许多话要同温妮说，但是她从不对我的邀请做出反应，所以我与她在一起的时候倍感孤独。"

的确，在1991年6月，也就是曼德拉出狱3个月之后，那些随曼德拉首次出访的人讲述过温妮是怎样在曼德拉的同事面前斥责他和非难他的，而这一行为令曼德拉和他的同事十分难堪。

曼德拉和温妮有着34年的婚姻，但在一起的时间却不到4年。大主教德斯蒙德·图图自20世纪50年代起就认识他们两人，他在约翰内斯堡的家离曼德拉在奥兰多·韦斯特的家非常近。大主教回忆起当年那些往事的时候，一脸的悲伤和疲倦：

> 纳尔逊那时候很宠爱温妮。温妮始终是一位很强势的人，我希望我们对她在那些黑暗的日子里所做的贡献表示敬意，那时候种族隔离当局想摧毁她。因而我不愿轻易地谴责她，我们谁都无法预测我们可以承受的压力，所以我依然很喜欢她。

当我说曼德拉欲寻找一位帮他拿拖鞋的人的时候,我跟媒体之间便产生了误会。我的本意是他想再找个老伴儿,这样就有人照顾他了(而不是他要找个仆从什么的)。他爱上了格拉萨,她是一位非常优秀的女士,虽然她在许多方面具备你希望一个女人所拥有的一切,但却不是那种逆来顺受的人。曼德拉做膝盖手术住院期间,有一次我去看他,那是上午11点。他正同在纽约的格拉萨通电话,脸上带着浓浓的笑意,这笑容是年轻人所没有的。格拉萨会细心到把他衬衫上一点脏东西给清除掉,因此我跟他讲:"她可真会关心人。"他听了很高兴,说:"哦,你注意到了。"老实说,男人是上帝创造的最不具安全感的生物,而此时曼德拉找到了最能给自己带来安全感的女人;有人提名格拉萨做联合国秘书长候选人,这可不是讨好她——她是非洲大陆上最积极、最有智慧的女性之一。格拉萨当时担任着莫桑比克的教育部部长,并因此声名鹊起;她和蔼可亲,我们拜访她的时候,她非常关心莉亚(图图大主教的妻子)和我。她和曼德拉的婚姻是上天送给他们两人的礼物。

曼德拉第一次接触格拉萨时还在狱中。在格拉萨的丈夫去世一个星期之后,曼德拉通过一个秘密渠道传送的一封信同她进行了接触。格拉萨的前夫、莫桑比克总统萨莫拉·马歇尔1986年在南非上空因飞机失事遇难。据称,这场空难或许是由南非当局的特工与莫桑比克的反对派携手、通过干扰飞机导航设备工作造成的，但是没有找到这方面的证据。

曼德拉发现，格拉萨·马歇尔是一位能医治心理创伤的人，而南非有了一位能以身作则的第一夫人

萨莫拉是在莫桑比克争取摆脱葡萄牙殖民统治、获得独立的战争中认识格拉萨的，当时，格拉萨在已经解放的地区和坦桑尼亚训练营区为萨莫拉所领导的莫桑比克解放阵线建立学校。1974年，她被任命为坦桑尼亚巴加莫约的解放阵线中学副校长。当解放阵线于1975年组建民族独立政府的时候，29岁的格拉萨担任了解放阵线的中央委员和政府的教育部部长。作为内阁中唯一的女士，她担任此项职务长达14年。1975年9月，她同莫桑比克第一任总统萨莫拉·马歇尔结婚，并将他已经去世的前妻生育的四个子女视如己出，此外，他俩也育有两个孩子。

曾经勇敢支持南非人民解放斗争的萨莫拉·马歇尔的去世令曼德拉非常悲痛，他为这位战士起草了一份情深意切的讣文。这篇由曼德拉和温妮共同签署，但很有可能是温妮起草的讣文，于1986年10月28日在（莫桑比克首都）马普多广播电台播出：

> 虽然我们两人目前被关押在不同的监狱里，为牢狱的铁窗所阻，无法亲往你的身边，分担你的悲痛，与你一起痛哭，缓解你的悲伤，也无法同你拥抱，但是我们相信今天我们就在你身边。萨莫拉同志的逝世令我们悲痛至极，撕心裂肺。晚上我们会与你一起守夜，白天我们会同你一起痛哭，痛悼我们失去了一位伟大的战士、一位勇敢的人民之子、一位高尚的政治家。我们坚信萨莫拉的去世一定会让你更加坚强，同时也让我们更加坚信，我们终有一天会获得自由。你，定会战胜穷凶极恶的敌人，而我们，定会战胜压迫而获得自由。我们的斗争从来都是紧密相连的，我们一定会一起取得胜利。

曼德拉于1990年获释后不久就访问了莫桑比克，同格拉萨会面后，两人的关系慢慢地发展起来。行前，当时生病的奥利弗·坦博请曼德拉代表他去见格拉萨，因为萨莫拉·马歇尔曾请求坦博，如果自己遭遇不测的话，就替他照顾他的妻子格拉萨和孩子。所以，因中风而身体虚弱无法亲往兑现承诺的坦博，这一次请曼德拉代他照顾格拉萨。

格拉萨几次坦率地讲过:"我们当时并未一见钟情。"但是随着时间的推移,两人发现他们有许多共同点。曼德拉将格拉萨在维特沃特斯兰德大学读书的女儿约希娜请到家里来住,他们的关系非常亲近,她后来以约希娜·曼德拉之名出了一本书。在格拉萨眼里,萨莫拉和曼德拉都是与众不同的人物,但却有着同样的品格。格拉萨若有所思地说,她和曼德拉都有痛苦的经历,这增进了他们彼此之间的关系。"我们的关系非常美满、甜蜜、完满、健康。我们知道我们关系的价值,但我们并不想当然地这样认为——我们知道没有这段关系将会怎样。我们对彼此说:'我们终是有幸之人,因为如果没有这种共同经历,我们本不会走到一起的。'"

格拉萨这位坚强而热情的女性用她的友爱帮助曼德拉战胜了因与温妮婚姻破裂而经受的痛苦。格拉萨做事不像温妮那样充满戏剧性、那样迷人,而是十分低调。她个子高,人长得漂亮且魅力超凡。

曼德拉与格拉萨致力于维护儿童的权利,他们夫妇还专门为此建立了南非最大的儿童基金会。格拉萨因在联合国资助下专门研究过战争对儿童的影响这一课题而享誉世界,并且深受国际社会的尊敬。

她跟孩子一道所做的工作以及她为孩子所做的一切得到了国际社会的高度认可,因而在1994年,联合国秘书长加利任命她担任负责人，主持一项名为"武装冲突对儿童的影响"的研究，这种研究项目在世界上尚属首次。

她于 1997 年在比勒陀利亚的一个会上做主题发言说：

> 性别暴力是……世界上最紧迫的问题之一，而在武装冲突中针对儿童的性别暴力表现得最为严重……此外，在儿童面前发生的大屠杀、房屋毁坏，影响了儿童性格的发展，与此同时也常常使他们得不到父母的必要教育。这样在武装冲突中长大的孩子们通常会以为，要想获得某种东西就必须使用暴力。我们的孩子已经习惯于并且已经融入这种暴力文化，这就是我们看到有组织的犯罪团伙和土匪活动以及劫持行为和武装抢劫有增无减的原因，对此我们必须要承担责任。
>
> 在我的国家，弄到一支枪比为儿童买一本书还要容易。因此社会的非军事化是反对暴力文化中的一个决定性因素。虽然我们的武装力量已经停止打仗，但社会上依然枪支泛滥，这一点必须得到解决。与此同时，我们必须解除民间的私人武装，要让他们接受和平处理彼此关系的思想。为此，我们必须要教育儿童和年轻人，不应该、绝不应该使用暴力解决分歧。采用对话和谈判的和平手段解决问题应该是从小学到大学各个教育机构必须要讲授的课程。

1998 年 7 月 18 日，是曼德拉 80 岁的生日。在否认媒体的猜测一个星期之后，曼德拉同这位最亲近的伙伴、莫桑比克前第一夫人、小他 28 岁的格拉萨·马歇尔结婚。他们甚至都瞒着自己的儿女，只是在吃过庆生的午饭之后，他们才举行了一个简短、温馨的结婚仪式。

2008 年，在部分家人的陪伴下，
曼德拉在库努的家中庆祝自己的 90 岁生日

铁窗生涯的影响

> 我离开家人,让儿女生活在没有安全的环境中,这是我做出的正确决定吗?……无形的伤口比有形的伤口更加让人疼痛。
>
> ——纳尔逊·曼德拉

罗本岛，这是曼德拉被囚禁了 20 多年的地方

罗本岛上，曼德拉所在的狭小牢房从外面看上去，在乌云密布的天空映衬下，呈大海一样的翡翠色。它只有三步宽五步长，铁窗又小又高。窗外是一个运动场，运动场的一边有几个葡萄架、几株桃树和一些花草，树种和花种全是偷偷弄进监狱的。1998年再度造访这座监狱的时候，曼德拉止住脚步，凝视这个他曾经度过20多年光阴的牢房，若有所思地说："现在它看起来似乎很小，可当时觉得它很大。"曼德拉说得对极了，他把他的整个世界都装进了这间小小的牢房：书籍、对政治辩论的思考、对偷偷带进来的收音机里广播新闻的分析以及违禁报刊上的新闻剪报。

付给偷带东西进来的人的报酬常常是钻石——钻石是"民族之矛"的战士从安哥拉的钻石矿区或河流里弄到的，或直接给狱卒以钻石，或将钻石卖掉变现用以贿赂狱卒。"有一位狱卒通过这种方式发了大财，现在在开普敦的斯格纳尔山上有一栋漂亮的房子。"一位前"民族之矛"的战士回忆说。这位战士当年参与了偷运行动，现在他开了一家保安公司。"民族之矛"使用过的走私路线在1994年的民主选举之后依旧存在,甚至现在还被用来走私违禁品,不是钻石,就是汽车或毒品。

在监狱里,曼德拉学会了生存:

> 监狱就是用来摧毁一个人的精神、毁灭一个人的意志的。为达目的,监狱当局会千方百计利用你的每一个缺点,挫伤你的积极性以及否定你的个性。我们的生存取决于要理解当局试图拿我们干什么,并且将这种理解与难友共同分享。对于每个人来讲,在牢中单打独斗的尝试,即使不是不可能的话,那也是相当困难的。不过当局犯了大错,那就是将我们关押在一起,因为只要我们能在一起,我们的意志就会增强:我们互相支持,从彼此身上获取力量。无论我们得到什么消息,无论我们学会了什么,我们都互相分享。由此,我们每个人都能勇气倍增。

曼德拉在写给蒂姆·马哈拉吉的信中说:"人们总是爱说这样一句话:重要的不是一个人遇到了什么事,而是该怎样处理它。"

托克欧·塞克斯威尔曾跟曼德拉关押在监狱里的同一个区域,后来他成了南非最富有的省份——豪登省的第一任省长,卸任之后他又成为一位成功的商人。塞克斯威尔说:

> 作为囚犯,有四件事情你必须懂得。第一,你身陷囹圄,被困高墙之内,你……每天面对高墙,你永远是一个囚犯,除非你破墙越狱……否则你只能在心里想象着整个世

界。第二，面对狱吏的责难，并学会如何与之相处。有些狱吏非常恶劣，对囚犯折磨拷打更是家常便饭，但你每天不得不跟他们打交道。改变他们也许要花上数年时间，但是你必须做，因为他们很有可能成为偷偷帮你传递东西的重要渠道。第三，来自你的朋友和同志的挑战。你零距离地跟那些有可能曾在外面一道工作的人住在一起，但是在如此恶劣的生活条件下一起生活，人们往往会同时表现出自己最好的一面和最坏的一面。有的人在外面并肩工作的时候，彼此关系非常密切，可是一道蹲监狱的时候，关系就难以相处。第四个也是最大的一个困难即是你自己：你是你自己内心深处的敌人，你不得不战胜自己、改变自己。

曼德拉说，内心的敌人使得你自问："我离开家人，让儿女生活在没有安全的环境中，这是我做出的正确决定吗？""尽管当时我为家人感到痛苦，但我仍然坚信，即使我知道参加斗争的后果有多严重，我也照样会这么做。"认识到这一点并没有减轻他的内疚和悲伤。服刑期间，曼德拉的老母亲去世，当局却不允许他回去安葬母亲。"接下来，又发生了一件令人伤心欲绝的事情，就是我的长子在车祸中死亡。他不仅是我的儿子，还是我的朋友。看守们对我使用心理迫害的手段，每次家里人出了事的时候，当我从采石场收工回到牢房的时候都会在我的桌子上发现一张报道有关消息的报纸剪报。"

曼德拉和他的长子马迪巴在一起。儿子遭遇车祸死亡时年仅 25 岁,彼时曼德拉尚在罗本岛监狱服刑

入狱之前,曼德拉性格有些傲慢,而艰难的牢狱生活让他学会了忍耐;权利被剥夺,这令他学会了恬淡寡欲;懂得了别人的苦难并不比自己的少,则使他学会了同情和尊重地位卑微的人。

他懂得了教育并不总是来源于课本，现实反而是更好的老师。牢狱生涯把曼德拉锤炼成为史上最伟大的领袖之一。

1969年4月，曼德拉15年来第一次主动开始同政府谈判。他写信要求政府要么释放他和他的战友，要么承认他们是政治犯。在信中，他还指出政府既然宽宥了布尔反叛者与二战期间亲纳粹的南非白人，那么就应该对他们也一视同仁。当然，当局并未理会曼德拉的信。

曼德拉坚持要同当局进行正式会见、会谈和讨论，以此避免自己的思想遭禁锢。1980年，在接受印度颁发的贾瓦哈拉尔·尼赫鲁奖（此奖专门颁发给那些为促进国家间了解、友好和世界各国人民友谊做出卓越贡献人士）的时候，他写了一封信，此信从他罗本岛监狱的牢房秘密传到了印度政府手里。他引用尼赫鲁的话说：

> 高墙及狱中的一切危险会使你成为一个囚犯和奴隶……（但是）最可怕的高墙是……心中的高墙，因为它会阻止你摒弃邪恶、陈旧的传统思想，也会阻止你接受新的、不同以往的思想。

曼德拉这封信深刻剖析了牢狱生活是怎样锤炼了他的思想的：

> 我们这一代有政治理想的年轻人是因为有强烈却狭隘的民族主义思想才走到一起的。……正如潘迪特（尼赫鲁）所说，时间会教给我们"民族主义本质上是好的，但它是一个

不可靠的朋友、一个危险的历史学家。它将我们禁锢在许多偶发事件上，并且有时会扭曲事实真相"。

这凸显了他当上总统之后的执政风格：他会弯下腰去，听一个小童的低声稚语，还会将一只手温馨地搭在一个老妇人的肩头上。他甚至会不远万里来到一个名为"奥拉尼亚"的种族主义思想严重、严重排斥黑人的偏远白人小村庄。曼德拉来到这里，是为了专程看望贝茨·维尔沃尔德——一个种族主义者，同时也是一位名叫亨德里克·维尔沃尔德的建筑师的遗孀。当曼德拉同这位将仇视黑人作为自己终生使命的虚弱的老妇人说话的时候，他表现得既温柔亲切又礼数周全：他弯下腰去，将耳朵靠近她的嘴唇，以免漏听了她的话。总统的到来使她兴高采烈，这证明曼德拉此行非常有意义。曼德拉这次不远万里对一个种族主义社区的造访，有效分化了右翼势力，那些对黑人心怀仇视的白人开始感到不安和困惑。

非国大主席，在塔博·姆贝基总统的内阁中任国防部部长的帕特里克·勒科塔，也曾被关押在罗本岛监狱里。他说：

> 牢狱岁月能开阔你的视野，提高你的理解力。如果你有所求，你就必须跪下来与别人一起祈祷，这迫使你服从上帝的意志，增强"你不可能主宰一切"的意识——你有时候必须借助于现实或想象中的力量才能认识到这一点。任何人只要走进了监狱，只要受到牢狱环境的影响，就都学会了谦

卑,牢狱生活使我们身上的动物本能大为收敛。如果你没有坐过牢,你绝不会学会与他人混在一起;你与狱友共用洗澡设施,吃同一个饭桶里舀出来的稀粥,盖同一床毯子。你跟他们聊天时会发现,虽然他们有不同的社会背景,但也有很多值得学习的地方。

勒科塔最终离开了非国大,因为他对姆贝基总统2008年被罢黜的方式感到不满。当年,他组建了一个反对党——人民大会党,但是他的党因为内部不合而从未形成气候——监狱里吸取的教训已被丢失殆尽。

曼德拉的牢狱生涯使他懂得最卑微的人有时候反而有最深刻的见解。马克·马哈拉吉曾在曼德拉任内担任交通部部长,1999年被继任总统的姆贝基解除职务,因为姆贝基担心他会成为自己的竞争对手。马哈拉吉说:

> 曼德拉的天才之处在于他领导了一群迥然不同的囚犯团结一致地进行改善监狱条件的斗争。但是他从未把改善监狱条件作为囚犯互相往来的唯一理由,因为他总是有更远大的政治目标。马迪巴也采取同一策略,使得当局没有理由将他拒之门外。

曼德拉就是这样通过协商为南非解决了争端。显而易见,南非国民党中有些人当初以为他们可以通过解禁非国大、允许它自由从事政治活动来"捧杀"它。与此同时,南非种族主义政权中还有人倡议在黑人居住区派遣暗杀小分队、进行军火走私、挑起大规模的群众暴力活动。他们认为，这样一来，黑人就会渴望南非国民党加强领导和继续白人统治——或曰"种族主义的和平"。出于同样的原因，他们认为骚乱活动会使白人和国际社会坚信南非黑人没有能力统治南非，如果把南非交给黑人来管理的话，他们就会搞种族灭绝——就像非洲的某些地区所发生的那样。

要了解这种观点的产生原因，我们有必要回顾一下历史。

上帝的谕示

愿意同敌人进行谈判的曼德拉，挫败了白人政权中某些人的计划——这些人认为，战争和冲突可以让他们占上风。

尼尔·巴纳德是前奥兰治自由邦大学的政治学教授，也是决定是否释放曼德拉的关键人物之一，此外，他参加了商讨是否解禁非国大的谈判。他的政治主张适用于1979年接替巴萨泽·约翰·沃斯特担任总统的彼得·博塔领导的新政府。沃斯特政权没有赶上1976年6月16日索维托大规模骚乱事件，尽管事件发生三个月之前祖鲁人领袖曼戈苏图·布特莱齐就准确地发出了可怕的预言。他说："南非正在走向严重危机。"但当时却没人理会他的警告。

虽然博塔许诺进行改革，却选中了31岁的巴纳德担任了国家情报局局长，使他成为南非历史上特工部门最年轻的负责人。

上任之后，巴纳德将他自己写的文章发给记者们。文章中数次提到《圣经》典故"上帝之剑"——在南非语里，军事力量经常被称为"剑的力量"（swaardmag）。他写道：

> 在被罪恶所分裂的世界政治中，必须经常用剑来惩治罪恶，这是无可非议的。那种关于基督教国家绝不应该拿起剑来、并因伸张正义而受责难的看法是危险而懦弱的。

在巴纳德的任上，南非开始对邻国发动袭击（莱索托、博茨瓦纳、斯威士兰、莫桑比克、赞比亚和津巴布韦等），其军事行动虽然号称仅针对非国大游击队，但是却对任何跟游击队在一起的人一律格杀勿论。在 1981 年对莫桑比克马托拉的一次袭击中，头戴纳粹标记头盔的南非军人处死了 13 名非国大成员，然后将他们的耳朵割下带回国作为战利品上交给了指挥官。此外，巴纳德还和他的军事安全部门成立了谋杀小分队，制订了针对非国大成员的生化战计划。这些部门研制出了含毒的 T 恤衫、含炭疽病毒的香烟，另外还有从大麻中提取的催泪性毒气，以及迷幻药和致幻（摇头）丸等。

就在 1990 年曼德拉被释放前夕，南非情报部门密谋用难以被发现的破坏脑细胞的化合物谋害他。多亏了德克勒克的阻拦，这一残忍的计划才未能实施，但是日后曼德拉的谈判对手正是这些试图加害于他的人。

反对种族隔离制度的黑人群众与南非白人种族主义政权的核

心人物之间的相互仇视,在 20 世纪 80 年代初如同燃烧的熊熊烈焰。1983 年 5 月的一天,正值交通高峰时段,比勒陀利亚空军司令部门外发生汽车爆炸事件,共有 19 人死亡,215 人受伤,这一事件使白人统治集团核心和在核心区域居住的白人感到震惊。此事件对南非统治精英的影响,类似于 2001 年 9 月 11 日恐怖分子对美国发动的袭击对美国人造成的影响。

爆炸的浓烟还在城市上空翻滚的时候,警方封锁了该地区,广播电台中断了所有节目。在维尔沃尔德医院,一拨又一拨的救护车尖叫声在急救室门口戛然而止,伤员们被陆续送来。惊愕的伤亡者亲属们在走廊里徘徊,相拥而泣。尽管这是南非白人政权收到的一次警告,但这一事件同样使得许多白人更加好战。非国大虽然表示将把袭击目标集中在军事目标上,就像早前对沃特雷克胡戈特军事基地和萨索尔炼油厂的突袭,但是他们也承认在实际执行过程中总会造成平民伤亡。这一事件是在联合民主阵线黄红蓝三色旗帜的召唤下最初发生的事件,后来这种冲突和反抗日益增多。自 1983 年 8 月开始,联合民主阵线的势力不断壮大,并最终拥有了 600 个反种族隔离制度的组织,其中许多组织大部分成员是白人。

博塔的改革积极性受到的掣肘日益增加,其改革的措施尚没有得到国际社会的认可,因而释放曼德拉就成为其改革至关重要的真正成果。1984 年 3 月,4 000 多位国际名人签署了一份请愿书,要求释放曼德拉。南非当局并未理会这一请愿要求,而是继续试图拔除非国大设在被他们称为"阵线国家"的基地("阵线国家"包括莫桑比克、安哥拉、津巴布韦、赞比亚、坦桑尼亚、斯威士兰和莱索托等)。

> 我们已经开始了寻找真正的人性的征程,我们能够看到在遥远的地平线上有闪闪发光的值得追求的东西。让我们勇敢坚定地朝前走吧,从共同的苦难和同胞之情中吸取力量。我们会最终给予南非最伟大的礼物——一个更有人情味的新面貌。
>
> ——斯蒂夫·班图·比科
> (南非黑人觉醒运动领袖,在拘押期间被警察杀害)
> 1977年9月

1983年9月,在联合国人权委员会的听证会上,南非当局由于曼德拉在波尔斯摩尔监狱服刑的状况而遭到了批评。会上的证词表明,曼德拉与五名囚犯被关押在一间非常潮湿的牢房,这使得他很难进行学习。两个月之后,表面上看是南非当局对联合国人权委员会的批评做出了反应,但很可能是为了推动秘密谈判的开展,南非当局将曼德拉与其他人分开。后来曼德拉回忆说:

> 我当时想我应该接近当局,提出举行当局和非国大之间的谈判。令我感到苦闷的是,我要在无法跟我的同事西苏鲁、凯瑟拉达、姆兰格尼等讨论此事之前就要同当局接触——因为我们实行集体领导,但是我觉得如果我提出他们

也会句句同意我的提议，因为我们对南非国民党政客的仇恨太深了。况且，我的同志们没有我所具有的同到监狱的法官、司法部部长和监狱管理专员等要员打交道的优势。因此，我认为现在是谈判的时候了。

我开始接触当局，同科比·库切先生商讨了几次。他说会谈必须秘密进行，而我则说会谈可以，但密谈不行，到此时我必须要见一下跟我一起关押在波尔斯摩尔监狱的四位同志。当局拒绝我一起会见他们，但答应可以分别逐一见他们。因此，我首先见了西苏鲁同志。我认为如果我说服他，他就会帮助我说服其他同志。西苏鲁说："马迪巴，我一点也不反对谈判，但是我认为应该是当局找我们谈，而不是我们找当局谈。"我说："Tshepo同志（Tshepo是"希望"的意思），如果你不反对谈判，谁先迈出第一步就不重要了。"雷蒙德·姆赫拉巴说："这么长时间里你在等什么，你早就应该这么做了。"凯瑟拉达同志不同意我的意见，而姆兰格尼则站在我一边。

接着我将一封信秘密传递给了外面的领导机构。奥利弗·坦博回信表示不赞同我的谈判建议。他说你同当局那些人能谈些什么？我说："我的意思是搞一个非国大和白人政府当局的谈判。"就回了这一句话。稍后我在一份备忘录上告诉他们，我要谈的是暴力、谈判、与南非共产党结盟以及多数人统治等问题。非国大说这么做是对的，并且授权给我，让我与当局开展谈判。于是我分别同来自纳塔尔、德兰士瓦、奥兰治自由邦和开普敦的同志打招呼，包括非国大成员、青年联盟成员、妇女联盟成员以及行业狱中工会的成员。我向他们简单介绍情况后，大家都赞同这一决定。我也召集了罗本岛监狱的其他狱友（在叛国案审判中侥幸活下来的人们）。

当局任命了一个高级别的谈判团队：威勒姆斯将军、科比·库切、国家情报局局长尼尔·巴纳德、宪法专家法尼·范德莫韦以及国家情报局的官员麦克·娄乌。

1983年开始担任监狱专员的威勒姆斯将军早在1971年就认识了曼德拉，当时他担任罗本岛监狱的军官。他说，双方的会谈是在波尔斯摩尔的贵宾酒店举行的。有时在贵宾餐厅，有时在酒店的俱乐部，还有一次是在威勒姆斯将军位于监狱所在区域的家里。其他会谈场所选在了科比·库切的家里——他和曼德拉有一次甚至还打了会儿网球，他们也在维克多·维尔斯特监狱进行过会谈。

> *在曼德拉获释前后这段时间里，"民族之矛"应该采取系统而有效的行动来营造必要的气氛。这些行动应该严格限定目标，以便与解放运动政策相一致，也要相应地准备一些宣传口号，比如"亲爱的司令同志，欢迎您回家"。所有这些行动任何时候都不要在曼德拉出现的地区或附近区域进行。*
>
> *——非国大全国执委会，卢萨卡，1989年*

当时监狱的环境与已在南非弥漫的恐惧和暴力相比算是相对平静的。1985年7月20日，南非当局宣布在36个黑人城市居住区实施紧急状态。仅在头一星期，就有1 000人遭到拘捕。8月15日，世界各大媒体都准备报道南非总统的一篇讲话，讲话中说政府将要开始推出大规模改革计划，但博塔总统却在他的"卢比孔①讲话"中对种族隔离政策进行了言辞激烈的辩护。

几天内，南非兰特就贬值了近1/3。在学者、报纸编辑和商人之中开始有了绝望情绪。他们声称如果政府不能或者不愿通过谈判找到打破南非僵局的出路、解除非国大对南非的威胁，他们就会不顾政府收缴他们护照的威胁，去同非国大会谈，而且事实上他们也这么做了。

南非首富哈利·奥本海默公开站出来支持释放曼德拉。1985年11月21日，非国大在《哈拉雷宣言》中进一步施压，提出了自己的谈判条件。该宣言要求释放曼德拉和其他政治犯，解除紧急状态，从黑人市镇撤出军队，并承认非国大的合法地位以及为自由政治活动创造条件。

南非当局在公开场合表示，如果非国大愿意放弃暴力活动的

---

① 卢比孔（Rubicon），指卢比孔河，为罗马共和国与山内高卢的界河。罗马当时的法律规定任何将领都不得带兵渡过卢比孔河，否则将被视作叛变，此举意在确保共和国内部不生叛乱。公元前49年，罗马共和国发生内战，恺撒破除这一禁忌，带兵跨过卢比孔河与庞培作战，并最终取胜。后西方常用"跨过卢比孔河"表示破釜沉舟、背水一战。——译者注

话，政府愿意与之谈判；非国大则回应说，政府也必须放弃使用暴力。

马克·马哈拉吉说：

> 我们把民主带入了这个国家，但是我们20世纪50年代开始从事政治工作时的革命教材里却没有"民主"这个词。到20世纪80年代中期时，世界已基本改变。但是不论怎么变化，历史已经记录下这些作为国家领导人的男男女女，正是他们既有能力发现这些变化，又有勇气适应这些变化。这是对曼德拉领导能力的一种检验——正是在被隔绝在监狱牢房里的时候，他才决定主动同他所痛恨的种族隔离政权展开对话……历史将铭记曼德拉的审时度势之英明……他为谈判所提出的先决条件的每一步骤都经过了仔细斟酌，为的是确保不削弱或不危害非国大，并且，他还决定一旦自己的大胆举措失败，他便一人承担责任，不给组织丢脸。

"军警官参政要员"（securocrats），是博塔领导下的政府军警的称呼。为应对20世纪80年代初南非所面临的威胁，博塔还提出了"总攻击"和"总战略"论。他说，博塔政府中复杂得像纳粹德国那样的军警体制是合理的，这种体制怂恿公民彼此监视。

国家安全委员会自1972年起就一直在约翰·沃斯特的控制之下，此时成了真正的权力中枢。直到1979年，该委员会都是政府的20个委员会之一。自1966年起就任国防部部长的博塔，

1978年成为总理。他需要维持对亨德里克·范登伯格领导下权力甚大的国家安全局的控制——范登伯格是沃斯特的亲信。

自1975年南非军队侵入安哥拉以来,军方与内阁就一直意见不一。博塔和军方想向敌人开战,他对公众说,南非军队做好了应对黑人采取地面猛烈进攻的准备。他和他手下的将军们认为,非国大反对种族隔离政策的斗争是"总攻击",而只能以"总战略"来应对。

巴纳德在媒体上著文,其表述后来在2001年9月11日美国遭恐怖袭击之后被美国国土安全部所引用:

> 恐怖活动就是一出戏剧,其目标就是指向观看此剧的广大民众……因此,广播、电视和报纸等媒体在宣布恐怖造成的恶果的时候,一方面对恐怖主义活动起到了推波助澜的作用,但另一方面也起到了激发起公众同情心的作用。

1984年7月,当司法部部长科比·库切到开普敦医院看望因病住院的曼德拉的时候,曼德拉加快了与政府接触的步伐。

1985年1月31日,博塔宣布:

> 政府愿意在南非共和国境内释放曼德拉先生,条件是他要做出承诺:他将不再为实现政治目标而策划、煽动和参与暴力行动,而是遵纪守法以免再遭逮捕。所以,妨碍曼德拉先生获得自由的不是南非政府,而是他本人,选择权在他那里。政府唯一要求曼德拉先生的,就是他应该无条件地放弃

将暴力作为政治工具。毕竟，这是世界上所有文明国家所奉行的标准。

1994年4月，在曼德拉当选为总统前夕，他站在罗本岛监狱牢房的高高的窗前向外眺望、沉思

2月8日，温妮偕曼德拉的律师伊斯梅尔·阿尤布探望了她的丈夫，希望获得曼德拉对当局条件的回应。曼德拉选择了用公开声明的方式回应博塔总统。阿尤布和温妮坐到曼德拉面前，他开始口授一份声明，但是看守不让。曼德拉说他有权利以他选择的任何方式答复总统，却来了一位高级警官命令曼德拉停止口授。曼德拉告诉监狱当局，可以给总统打电话证实。于是他拒绝服从命令，继续对阿尤布口授声明。

2月10日是星期日。这是一个异常闷热的夏日,曼德拉最小的女儿津齐在索维托的欢乐体育场宣读父亲的声明。这个大会是由联合民主阵线预先安排好的,其目的是庆祝圣公会大主教德斯蒙德·图图于不久前在奥斯陆获得诺贝尔和平奖。站在鸦雀无声的与会者面前,身穿T恤衫和牛仔裤的津齐说:

> 我父亲和他的战友们明确表示,他们对你①、只对你负责。你应该直接听听他们的看法,而不是通过别人。他代表所有那些因为反对种族隔离制度而被关进监狱的人,代表所有那些被放逐的人,代表所有那些被迫流亡在外的人,代表所有那些在种族隔离制度下受苦受难的人,代表所有那些反对种族隔离制度的人以及代表所有那些被剥削、被压迫的人……

曼德拉说:

> 我将永远是非国大的一员,直到生命结束。奥利弗·坦博不仅是我的一个兄弟,也是我近50年的最亲爱的朋友和同志。你们珍视我的自由,奥利弗·坦博更是如此。我们两人的观点完全相同。

这也向某些人传达了明确的信息,因为当时有人认为曼德拉没有经流亡中的非国大授权而擅自发表意见。

---

① "你"是指博塔。——译者注

津齐继续读道：

> 请博塔……宣布放弃暴力；请博塔宣布他将废除种族隔离政策；请他解除对人民的组织非国大的禁令；请他给予所有因反对种族隔离政策而遭囚禁的人自由，给予那些遭驱逐或被迫流亡的人自由；请他保证人民能够自由进行政治活动，以便由他们来决定谁来做他们的统治者。
>
> 我非常珍视我的自由，但我更珍视你们的自由……我不能出卖我与生俱来的权利，也不会出卖人民与生俱来的自由权……当人民的组织还被禁止的时候，我会得到什么自由？当我的妻子仍被放逐在布兰德福特的时候，我能被给予和我的妻子一起生活的自由吗？当我想要找工作时，通行证上还需要特别盖章，这又是什么自由？当我的南非公民权没有得到尊重时，我又能得到什么自由？只有自由人才能够进行谈判。囚犯是无权订立契约的……我还是回牢房去吧。

会场上的妇女们哭着高喊同意，而男人们则跺脚欢呼。曼德拉的话是经过仔细斟酌的，但南非当局却不为所动。

1988年5月，博塔建立了四人委员会，与非国大的其他领导进行会谈，其成员有威勒姆斯将军、尼尔·巴纳德、麦克·娄乌和法尼·范德莫韦，四人之前都与曼德拉进行过谈判。

1989年1月18日，博塔患上轻度中风，由其私人医生、特种部队及生化战计划负责人沃特·巴松博士治疗——几年后，在真相与和解委员会的听证会上,媒体将他称为"死亡博士"。2月2日,博塔辞去了南非国民党主席的职务。3月13日,南非国民党党员联邦委员会呼吁博塔辞去总统职务,这令博塔愤怒不已,随即他宣布将在1989年9月6日举行大选。接着在7月5日,博塔在开普敦的泰因海斯盛情款待曼德拉,请他喝茶、吃蛋糕。这一举动虽然令他的批评者非常吃惊,但却未能平息国民党领导层内部那些担心他的怪异举动会损害国家利益的人的不满情绪。不久,博塔迫于内阁的压力辞职。

领导层里竞争总统职位的有保守派德克勒克,他属基督教归正教会的一个派别——归正教会保守到了禁止其成员跳舞的地步。他当时的妻子玛丽克曾在以前的一次讲话中,将有色人种称为"非人类",说他们是南非的"渣滓"。德克勒克的竞争对手是长期担任外交部部长的皮克·博塔,他在英裔白人和荷裔白人中很受欢迎。

1989年9月,德克勒克当选为总统。两个月之后,他废除了"国家安全管理体系",该体系规定在国家安全委员会领导下,平民可以应聘为"国家安全管理体系"的军官。同时他还将国家安全委员会降格,使内阁成为国家安全事务的最高决策机构。这就为南非以前所未有的力度向民主道路转型奠定了基础。

通向权力之路

> 政府当局有它自己的战略,该战略的目的之一就是确保曼德拉不会将一场革命强加到他们头上。
>
> ——奥利弗·坦博
> 在非国大全国执委会紧急会议上的讲话
> 1988 年 10 月 28 日

1986年，抗议游行者要求释放遭囚禁的非国大领导人——纳尔逊·曼德拉、沃尔特·西苏鲁、艾哈迈德·凯瑟拉达、戈文·姆贝基和雷蒙德·姆赫拉巴以及其他政治犯

20世纪80年代，南非国民党当局面临一个两难的境地：他们认识到释放曼德拉就象征着将每一个南非黑人从种族隔离制度中解放出来，而这将意味着少数白人的统治将加速终结。而非国大担心政府当局或许只是试图诱使非国大积极分子暴露自己，然后将他们逮捕入狱或杀害。尽管非国大相信只有通过军事手段才能取得斗争的胜利，但非国大没有正规军，并且缺乏武器、资金短缺。

1985年的卢萨卡会议，是1969年以来处于流亡中的非国大的第一次协商会议。会议认为："现在是我们提出请求，将实行种族隔离制度的南非从联合国驱逐出去的时候了，同样也是推动国际社会采取实际措施，拒绝承认比勒陀利亚政权的合法性的时候了。"这也许是十年来非国大最重要的一次会议。美国的友好人士十分活跃。1986年10月2日，由来自宾夕法尼亚州的众议员威廉·格雷发起、参议员汤姆·哈金以及爱德华·肯尼迪参与推动的《全面反对种族隔离制度法案》尽管遭到了罗纳德·里根总统的否决，但该法案最终还是成为国家法律，并对最终加速终结种族隔离制度产生了很大的影响。其他国家也都很快跟上，不久南非当局就开始面临国际社会协调一致的，在政治、经济、体育、军事和艺术各个方面的制裁所产生的严重影响。

但是在此前后，南非当局加大了镇压力度。1985年7月20日，当局宣布部分地区实施紧急状态，而且不久就扩大到全国范围。这种状况持续了四年，镇压活动愈演愈烈。在宣布实施紧急状态的四个月里，数千黑人群众被捕入狱。在这种情况下，非国大将自己的谈判条件，即《哈拉雷宣言》递交给了南非国民党政府，该文件后来成为南非变革的蓝图。南非新闻部副部长路易斯·内尔回绝了该宣言，说政府无意同非国大谈判。

但一个月之后，政府发言人有了转变的迹象，他们说非国大如果放弃暴力，政府将同非国大谈判并且释放曼德拉，但非国大拒绝了该交换条件。从历史的眼光来看，很显然双方都有变革的意愿，但是对于那些经历了20世纪80年代末充满镇压、分裂和暗杀的最黑暗的日子的人来说，要取得进步绝非易事。非国大依旧准备夺取政权，并且于1988年公布了一系列的宪政原则，而非国大这种尚未取得政权就制定政策的做法，在解放运动中是绝无仅有的。

国家安全委员会谈论了释放曼德拉的计划，这一计划古怪透顶且匪夷所思。政府透露消息说有可能释放曼德拉，以换取苏联持不同政见者纳坦·夏兰斯基和安德烈·萨哈罗夫的自由，此举意在争取美苏两国的支持，但这一提议没有获得响应。国安委的计划还包括，在境外将曼德拉释放，将他弄到特兰斯凯或罗本岛上的别墅去住，或是曼德拉获得自由但须做某种交易。

非国大于 1986 年 1 月 8 日在由奥利弗·坦博发表的政策声明中隐含了传达给曼德拉的信息："我们的力量在于团结。我们必须像爱护我们的眼睛一样维护我们的团结。"非国大呼吁建立起广泛的包括商人、英裔白人、布尔人和意见领袖在内的反种族隔离联盟，迫使政府于 1990 年之前回到谈判桌前。他们所划定的谈判期限最终证明具有惊人的预见性。到 1987 年，曼德拉已经给非国大传去秘密信息，表达了与政府举行谈判的意愿。

尽管非国大宣布 1987 年为"向人民执政前进之年"，但它对曼德拉提出的谈判倡议仍持怀疑态度。非国大在一份高度机密的非国大全国执委会的备忘录（1987 年 10 月 5—10 日）中指出，非国大将会考虑曼德拉的谈判建议，而且要知会非国大全体成员、群众民主运动（其前身为联合民主阵线）、周边的"阵线国家"和所有社会主义国家。

非国大察觉到一种异样情绪正在蔓延：有些工商企业正试图从他人处获取对非国大的看法，与此同时许多人采取直接接触非国大的方式。坦博在 1989 年说：

> 我们说过，当局应当通过释放纳尔逊·曼德拉来创造谈判的气氛。如果他们能做到这一点，我们可以认为当局在一定程度上显示出了谈判的意愿。英国政府曾经说过，除非释放曼德拉和解禁非国大，否则南非别想与非国大谈判。政府当局不会急于对非国大解禁……在曼德拉获释前我们必须加

强武装斗争，这样才能确保释放曼德拉不以放弃武装斗争为先决条件，或者说确保当局不能以曼德拉已释放为由来要求我们必须放弃武装斗争……

但是非国大尚未做好接受曼德拉的观点或信念的准备，即只有弥合与自己的敌人之间的裂痕才能铸造和平。毕竟非国大已流亡了30多年，而在这一过程中其所具有的偏执难免会影响它的判断。

此后不久，坦博因病重被送至伦敦，他的家人也住在那里。在1989年8月15日举行的非国大全国执委会的一次会议上，当时任总书记的阿尔弗雷德·恩佐说："医生发表了一份声明，明确说坦博患的不是中风。他们说他的静脉出现了短暂痉挛，暂时阻断了对大脑的输氧，这是他此次生病的病因，此外他们还说他的神经反应不正常。总的来说，与会人员为坦博病情不重而感到比较欣慰。"遗憾的是，这并非坦博真实病情的全部，坦博以后再也没有彻底康复。

局势瞬息万变。1989年年初，彼得·博塔患了轻度中风，其专断作风也日益遭到同事的抵制。到1989年8月非国大全国执委会开会的时候，就传出了博塔已经辞职的消息，旋即有消息指出南非9月要举行新的大选。在这样的情形下，非国大全国执委会委员斯蒂夫·施韦特表达了这样的观点："仅仅是博塔宣布辞职，还不足以推动我们就国内局势进行谈判。"

南非共产党副总书记乔·斯洛沃反驳道："非国大全国执委

会已经将88%的时间用于讨论谈判策略……一种方式正悄悄出现,即国际形势已经开始影响非国大全国执委会的工作方式。"尽管上台执政的时机已经临近,但许多非国大领导人似乎并未认识到正在发生的事情的重要性。

狱中的曼德拉一直在秘密地将谈判信息传给非国大,但并非每个人都十分重视这本应得到重视的信息。随着曼德拉的老朋友奥利弗·坦博因病住进斯德哥尔摩的一家医院,非国大这个组织好像有了一种奇怪的惯性:像塔博·姆贝基这样的主要领导人很少待在"阵线国家",与此同时非国大开始受到国内的各种群众民主运动组织的推动,尽管受到不断有人遭到逮捕和镇压的影响,但该组织还是千方百计保持着自己的凝聚力。

德克勒克胜选后,非国大于1989年10月16日在赞比亚首都卢萨卡举行会议。会议注意到群众民主运动组织领导人艾伦·波萨克牧师"已经发出呼吁,要求当局在六个月时间内有所作为。如果当局一无所为,国际社会再加重对它的制裁"。这一呼吁促使南非政府加快了行动步伐:波萨克的呼吁发出仅四个月,德克勒克就同意对政党和个人解除禁令,并释放曼德拉。

"民族之矛"领导人克里斯·哈尼认为:

> 释放曼德拉的问题不应该由德克勒克来控制……我们应该多搞几次"向维克多·维尔斯特监狱大进军"的活动,要求当局无条件释放曼德拉。实现这一目标很重要,因此应当

充分发挥诸如"因亚德扎""国家传统领袖院"这样的民间组织的作用。

非国大担心,如果德克勒克进行激进的改革,比如解禁政党和释放曼德拉,将会让他获得信誉并导致国际社会愿意接受少数白人对多数黑人统治的体制。但是非国大低估了国际社会促使南非实现权力真正转移的决心——释放曼德拉所产生的乐观浪潮和决心将席卷南非,这使得德克勒克政府提出的缺乏真正自由的政治解决方案反倒成了多余之举。

著名的非国大军事组织"民族之矛"的领导人克里斯·哈尼,
1993年遭白人右翼分子行刺身亡,生前深受人民爱戴。
他原本会成为继曼德拉之后的总统职位的有力竞争者

哈尼的话里暗含了另一层意思：经过多年努力，非国大已经将斗争的重心转移到了城市地区，但是纳塔尔省（现称夸祖鲁—纳塔尔省）持续不断的暴力活动使得在农村地区发动群众的重要性重新被重视。正如20世纪90年代城市的流血冲突事件所表明的那样，农村地区的不稳定有可能很快导致城市地区发生普遍的流血事件。斯洛沃提出警告说："历史上我们就有过这样的群众保卫运动组织，却被政府当局利用。我们必须有能力掌控这样的组织，并避免它们失控。"

他的话颇具预见性。差不多三年之后，当暴力活动笼罩东兰德的各个市镇和夸祖鲁—纳塔尔省的时候，非国大开始训练和武装城镇青年，将他们组成被称为"自卫组织"的武装团体。尽管许多这样的组织的确保护了群众，但大多数组织不仅未能控制、反而在社区制造恐怖事件，它们向对手开枪，并卷入了有组织的犯罪活动。

到1989年当局镇压活动日益加剧的时候，非国大担心自己有可能失去在20世纪80年代所取得的成果，因为积极分子已经有些不太活跃，队伍人数因被捕入狱和警察的暗杀而急剧减少。1989年1月初，塔博·姆贝基在会见群众民主运动领导人墨菲·莫罗贝和穆罕默德·瓦利·穆萨之后，提出报告说："'联合民主阵线遭到查禁……其领导层非常不稳定。'墨菲·莫罗贝是带着震惊说这话的……虽然有很多领导人都有亲非国大的倾向，但他们的活动范围非常有限。"

此外，非国大继续将曼德拉的意见边缘化——这是双方关系紧张的最初标志，这种紧张关系迄今仍然存在：一方是流亡在外的非国大领导人，另一方是在种族隔离最黑暗的岁月里坚持在国内进行斗争、担任群众民主运动领导职务的人。1989 年 10 月 15 日在卢萨卡举行的非国大全国执委会的一次特别会议上，乔·斯洛沃报告说，他在伦敦见过群众民主运动领导人西德尼·姆法马迪："他对我说，群众民主运动领导人听说包括沃尔特·西苏鲁在内的八名里沃尼亚叛国案受审者即将被释放，并且曼德拉想要搞一个低调的欢迎他们的仪式，但群众民主运动对此表示反对。"

曼德拉继续给群众民主运动领导人详细介绍了正在进行的谈判情况。他在介绍中涉及了以往的释放先例，比如他是怎样通过谈判使得哈利·格瓦拉和戈文·姆贝基得到释放的。他曾经因出狱后没有保持低调，以及格瓦拉在会议上情绪激动地发表讲话的照片没有事先拿给他看等批评过他们两人。曼德拉这样做不是要提高自己的地位，他说，与当局相处就要低调。他说他去见了准备要出狱的这七人，这七个人都表示要低调行事。西德尼说，群众民主运动领导人回来后感到很惊讶，但是他们仍然坚持领导人站在群众运动最前列的必要性。

"我们六人——包括龙尼·卡斯里尔斯、阿齐兹·帕哈德、格特鲁德·肖普和塔博·姆贝基在内——在伦敦讨论了这件事情。简而言之，我们感到被释放的领导人应该站在斗争的最前沿是没有错的……我们认为他们不必低调。"但是，被释放的领导人没有理会来自伦敦的命令,反倒遵从了曼德拉的指示:他们没有做任何危及脆弱的谈判进程的事情。

在卢萨卡的报告中,斯洛沃写道:"我们认为,如果刚刚出现的斗争高潮竟然半途而废,那将是个悲剧。这场斗争的实质不是事关曼德拉,而是事关其他问题——曼德拉将不会因为他自己的保证书而被释放,而是因为非国大的斗争。"并且,正如我们早些时候从本·图洛克的文章中所读到的那样,这将继续成为流亡在外的非国大成员的斗争路线。当然,这是一条完全错误的路线:令国际社会揪心的首先是南非人民所受的苦难,其次才是曼德拉与当局进行接触的方式有无尊严。而且正是因为这些因素,非国大才得以被国际社会关注,而不是与此相反。

> 作为囚犯,有四件事情你必须懂得。第一,你身陷囹圄,被困高墙之内,你……每天面对高墙,你永远是一个囚犯,除非你破墙越狱……否则你只能在心里想象着整个世界。第二,面对狱吏的责难,并学会如何与之相处。有些狱吏非常恶劣……第三,来自你的朋友和同志的挑战。……有的人在外面并肩工作的时候,彼此关系非常密切,可是一道蹲监狱的时候,关系就难以相处。第四个也是最大的一个困难即是你自己:你是你自己内心深处的敌人,你不得不战胜自己、改变自己。
>
> ——托克欧·塞克斯威尔
> (罗本岛监狱前囚犯、豪登省第一任省长)

曼德拉一直把自己看作一场数百万人参加的革命运动中的一名遵守纪律的成员，正如他在与博塔在其泰因海斯的办公室共同品茶之前写给博塔的一封信里明确表示的那样。曼德拉将在几年之后成为这个办公室的主人。在这封长达十页的信中，曼德拉对博塔说：

> 现在我认为，为了民族利益，非国大和当局有必要举行紧急谈判，以期找到有效的政治解决途径。
>
> 在起初，我必须指出，走出这一步时并没有同非国大商讨过。我必须强调，任何在狱中服刑的人，无论他地位如何，无论影响力有多大，都不能在监狱里进行这种性质的谈判……有关我出狱的问题不应该是一个议题，尤其在谈判的现阶段还不是……一个在我们拿起武器之前对黑人使用多年暴力的政府没有任何权利要求我们放下武器……任何忠诚的非国大成员都不会理会要我们同南非共产党决裂的呼吁。我们把这一要求看成是当局的分而治之的策略，这无疑等于是要求我们自杀。
>
> 在这样的会谈中必须要解决两个中心议题：首先，一个统一的国家必须实行多数统治，这是正式的合法要求；其次，南非白人对这一合法要求的顾虑，即白人所坚持的"在结构上保证多数统治并不意味着黑人对少数白人的统治"。

1989年，非国大发现形势变化很快。非国大曾做出这样的规划：

> ……在曼德拉获释前后这段时间里，"民族之矛"应采取系统而有效的行动来营造必要的气氛。这些行动应严格限定目标，以便与解放运动政策相一致，也要相应地准备一些宣传口号，比如"亲爱的司令同志，欢迎您回家"。所有这些行动任何时候都不要在曼德拉出现的地区或附近区域进行。

然而，由于德克勒克毫无征兆地做出了释放曼德拉的决定，加之非国大领导层当时的混乱无序，这些计划未能实施。政治变革出现了高潮。

非国大获得解禁和曼德拉获得开释使得非国大成为举世瞩目的中心。自1988年以来，络绎不绝前来采访的世界各大媒体现在会聚在卢萨卡。"民族之矛"的战士们，曾经梦想他们能够组成队形站在坦克上，沿着公路进军比勒陀利亚和约翰内斯堡，接受挥舞着彩带的群众的热烈欢呼，就像他们从苏联的旧时新闻纪录片中所看到的情景那样。而现在呈现在他们面前的却是不曾想到的情景：通过谈判得到的和平和许许多多人的贫困状况。他们找不到工作，像20年前的越战老兵一样，他们带着心理的创伤和痛苦回到社会，而社会却并没有欢迎他们的归来。

他们为自己的战士身份而感到尴尬，因而不少人开始堕落，酗酒、吸毒、自杀，甚至走上犯罪的道路。

1990年2月11日，仅在开释后的几个小时内，曼德拉就用行动证明自己是非国大最伟大的领导人。获释后的第二天，在主教庭大饭店举行的首次记者会上，南非和国际媒体的记者团中，原本有很多人怀疑他是否够格，结果最后他们全都起立，长时间地鼓掌欢迎他。曼德拉展现出的热情和睿智，给所有人留下了深刻的印象。

曼德拉明确表示，他是一名遵守纪律的非国大干部："目前我打算只做一些初步评论。……德克勒克先生……是一位正直的人。他非常清楚一个公众人物若不践诺将会有怎样的危险。"他尽量消除白人的恐惧，也强烈谴责危害南非和令各肤色民众恐惧的罪行。

1990年2月13日，在索维托举行的大会上，曼德拉告诉热情高涨的广大群众：

> 尽管我为自己出生于索维托而感到骄傲，但我也为在报纸上读到的犯罪统计数字之高而感到不安。虽然我理解我们的人民所遭受的种种匮乏之苦，但我必须明确指出，索维托有如此高的犯罪率是危险的，打击犯罪是我们的当务之急。

1990 年，曼德拉获释后回到在索维托的家，向群众发表演讲

但是成为总统之后，曼德拉并未能够做出足够努力打击犯罪现象。2011 年，由南非警察总监签署的报告指出，2010 年 3 月至 2011 年 4 月，全国共有 56 272 人遭到强奸，即每月有 4 689 名妇女、男人和儿童成为受害者。性别平等组织指出，在南非，每 26 秒钟就有一名妇女或儿童遭到强暴。警察总监还说，全国每天发生 43.6 起谋杀案，这个数字是美国的 6 倍，也超过了世界上任何冲突地区造成的死亡数字。

但是当曼德拉在欢呼声此起彼伏、群情激奋的会场发表讲话时，人们充满了希望和期待。曼德拉继续说道：

  我在 1964 年就申明，我和非国大反对单独由白人统治，也反对单独由黑人统治。然而我们承认，仅有声明和宣言还不足以消除南非白人的担心。我们必须向我们的白人同胞展示我们的良好意愿，通过行动和道理使他们相信，一个没有种族隔离的南非将是所有南非人更美好的家园。

1990年2月，在非国大举行的集会上，兴奋的黑人群众欢庆曼德拉终获自由

曼德拉悄然而坚定地重新进入了非国大的领导层。他获释不久，非国大在卢萨卡举行了一系列会议。会上的曼德拉显得极其尊贵，他的个头超过了大部分战友。在最初的会议上，他讲得很少、听得很多。但是只要他一开口讲，其权威性就不容置疑。在他主持的每一次非国大会议上，他都显得深思熟虑、颇有权威。他不能容忍任何的草率或陈词滥调和华丽辞藻，他需要的是周到的考虑。当听到考虑周到的意见时，他就会认真地听，两手相扣在前，等别人讲完再予以评论。然而他也会尖锐地批驳愚蠢、浅薄的意见。但批评的目的是为了让自己的战友抓住重点、增加知识、更加努力地工作以及制定更成熟的战略规划。

> 作为见证长达数世纪的少数白人统治向民主低头进程的代表，我们的人民像马丁·路德·金那样高声呼喊：终于自由了！终于自由了！感谢万能的上帝，我们终于自由了！
> ——纳尔逊·曼德拉
> 在美国参众两院联席会议上的演讲，1994年10月6日

一个意欲推翻政府的革命的非国大与一个准备马上上台执政的非国大之间的分裂很快就凸显出来了。早在1990年，非国大就表示了它的忧虑：

> 非国大、南非青年代表大会、联合民主阵线等组织之间存在着混乱状态。各个组织去往不同的区域但却没有采

> 取一致的行动。非国大的意思是各派力量应该团结起来，包括在场的部落酋长们，但另一个组织会过来说"打倒酋长"，非国大对此负有责任。我们原先号召广大青年把国家搞乱……但是形势已经发生了变化。我们的战略已经从打倒一切转移到团结一切可以团结的力量，包括酋长……我们还没有到各个组织去解释我们的新战略，我们必须要停止发表彼此矛盾的声明和观点。

但是即使到了2011年，这也还是非国大必须要解决的一个问题，并且这种挑战随着全球经济危机的加深而更加严峻了。

1991年6月，非国大第一次在国内召开全国代表大会。数百名代表齐聚德班威斯特维尔大学。他们蹲坐在大学校舍的台阶上吃午餐，端着塑料饭盒吃着玉米粥和肉。他们边吃边谈，互相交流着国内斗争和流亡在外的艰难生活。流亡战士们和国内积极分子们终于相见，大家热烈相拥。是曼德拉将大家领回了家，现在他们必须要坐下来商议一个属于所有人的未来的民主。

打造谈判之桌

走出牢门,与政府一起坐到谈判桌前吧。谈判的时候到了。

——德克勒克
1990年2月2日

1992年，曼德拉参加纪念1976年索维托学生起义事件的游行活动

> 纳尔逊·曼德拉的释放问题不能任由德克勒克来左右。
>
> ——克里斯·哈尼
>
> **非国大全国执委会的会议纪要，1989 年 10 月 26 日**

当德克勒克于 1990 年 2 月 11 日释放曼德拉时，并未照彼得·博塔当初商讨释放问题时那样要求他放弃暴力。但是政府的安全部门和军事部门却无意放弃暴力：暗杀小组还在行动，抓捕行动也没有停止。现在看来，德克勒克和其他一些高级官员并不知情（或者至少是不了解全部情况），但是正如在后来的真相与和解委员会听证会上所显示的那样，暗杀和拘留行动依旧很普遍。比如，尽管南非于 1974 年签署了有关放弃研制生化武器的国际公约，但政府的生化战计划依然在全面进行——该项计划的执行主要以暗杀为主，并采用其他卑鄙手段。

比如在 1990 年，南非国防军特种部队领导人沃特·巴松从克罗地亚购买了 500 公斤的甲苯喹唑酮——这种基本制剂是用来制造 Mandraxde（开普平原区黑帮之流喜欢的非法药物）的。

1998年，巴松的下属对真相与和解委员会说，这种药是打算用来制造催泪弹的。然而，真相与和解委员会的委员们怀疑巴松他们有更险恶的目的——他们想要证实南非当局的生化战计划当时是否将毒品卖给了南非的黑人青年。他们虽未能确定这一点，但他们认为当局的意图是很明显的：如果不能在政治上打败黑人，不妨用毒品摧毁他们。

的确，非国大的积极分子们发现，当他们试图在靠近美丽的开普敦附近的开普平原区开会或进行争取群众支持的活动时，他们往往会遭到毒枭们的封堵——南非依旧是世界上非法甲苯喹唑酮的最大消费国。

在当时，非国大和南非国民党试图使用隐蔽手段对付对方——各自的领导人一面拒不让步，一面说着漂亮的话。戈文·姆贝基说：

> 这是一场没有绝对胜者的战争。南非的两大政治势力——非洲黑人的民族主义和南非白人的民族主义——展开了殊死的斗争。谈判是使得所有南非人都能参与以决定南非前途的唯一选择。这么一来，为了规划一条通向民主的新南非的道路，压迫者和被压迫者就走到了一起。

德克勒克承诺，一旦他在1989年9月赢得大选，他将建立一个"新南非，一个实行彻底变革的新南非"。

但是为了实现这一目标，德克勒克在之前的几年中首先经历了一个显著的改变自己的过程。他令人吃惊地改变了自己的信仰——笃信举行谈判的重要性，笃信应该把权力交给黑人。很难想象曾在担任教育部部长期间对高校严格立法的保守的德克勒克，竟会有这样的质的转变。

德克勒克是一个虔诚的基督徒，属于荷兰归正教会，该教会在 20 世纪 30 年代末为实行种族隔离制度提供了神学基础。

他所在的荷兰归正教会的一支——深浸派（Doppers）——十分保守，它不允许黑人加入教会，对试图倡导改革的牧师采取严惩措施。比如 1987 年彼得·杜曼斯牧师首次让一个有色男子宣誓成为教会的长老之后，就被逐出教会，理由是他涉嫌违背《圣经》第五条"当孝敬父母"的戒律以及第九条"不可做假见证陷害人"。在 21 世纪的今天，很难看出该教会有什么理由认为杜曼斯牧师的行为违背了这两条戒律，但在当时它的确是这么做的。杜曼斯将此事告上了法庭，最高法院做出了有利于他的裁决。1988 年 7 月，他的教职得以恢复，但是即便被教会重新接纳，他也被禁止主持圣礼，即不能主持他的会众的宗教仪式。

德克勒克当选之后，他的办公室悄悄地向新闻记者和外交官们透露，他将在来年南非议会开幕式上宣布重要的改革措施：以前很难获得的外国记者签证将可自由申领。

媒体分析人士不禁问道，作为实行严格教规教会的一个虔诚信徒，德克勒克能够有足够的勇气实施改革吗？这似乎不可能，但是可以肯定的是，由于实行多年的种族隔离政策、遭受外国制裁和数十年的镇压活动,南非已经元气大伤。

> 对一个其野蛮行径给黑人群众造成如此痛苦和不幸的政府,我们依然倡导和平和非暴力主义,这在政治上是正确的吗?
>
> ——纳尔逊·曼德拉(时任南非全国行动委员会书记)
> 《1961年5月29日、30日、31日大罢工回顾》

然而,1989年9月13日,也就是总统就职典礼前一天,德克勒克下令批准多达2万人的抗议者在开普敦举行反种族隔离政策的游行示威活动,此举令全国一片哗然。

一个星期以后,受到此事的鼓舞,塔博·姆贝基、雅各布·祖马、斯蒂夫·施韦特以及非国大主席委员会的其他成员,与国民党的秘密团体——南非白人兄弟会举行了一系列会议中的第一次会议。这是流亡的非国大与南非白人兄弟会之间第一次真正的谈判。10月9日,塔博·姆贝基告诉非国大全国执委会,南非白人兄弟会说主要政治犯的释放工作即将开始,而且曼德拉将是最后一个被释放的。此次会谈的备忘录如下:

> 兄弟会认为变革的障碍有:国民党不想失去对变革的控制权;担心出现黑人统治的情况;德克勒克不喜欢国家安全委员会,因而想改组国家机器;对非国大的不信任;等等。当局对《哈拉雷宣言》被提交给联合国感到不满,因为这样

会使《哈拉雷宣言》具有强制性。兄弟会得到的解释是，国际社会的干预问题可以谈判解决。

德克勒克当选为总统后立即行动起来。一个月后，即1989年10月15日，他下令释放了除曼德拉以外的当年叛国案的所有受审者。11月16日，他宣布废除《隔离设施法》，但遭到了某些右翼团体的强烈反对：在普马兰加省的贝瑟镇，镇议会的议员们用土将镇属游泳池填上，以阻止黑人在池里游泳。在距贝瑟镇东北约100公里的埃尔莫洛，一个白人用塑料鞭子抽打3名敢于进入镇游泳池、与白人儿童一起游泳的黑人儿童。一个惊恐的白人母亲用摄像机拍下了这一场景，此事件很快成了国际媒体争相报道的新闻。

1990年2月，奉行新法西斯主义的南非白人抵抗运动成员在比勒陀利亚举行游行示威，抗议德克勒克的改革政策和即将释放曼德拉的决定

局势变化的速度之快令非国大毫无心理准备。一份名为《非国大的解禁——我们的战略思考》的讨论文件指出，非国大应该迅速建立军事组织，以防德克勒克变卦从而让非国大丢尽颜面。除此之外，非国大还面临着作为一个合法组织该如何行事的挑战：它们还要着手解决有关流亡战友回国的问题，以及如何保障他们的安全和如何对他们进行安置的问题。

突　破

1990年2月2日上午，全南非的所有机关单位都停止了工作，人们纷纷围在了收音机和电视机旁收听收看大多数人所期待的新闻，这一刻终于到了——德克勒克在议会上发表讲话："打破暴力的怪圈，取得突破、获得和平与和解的时候到了。沉默的大多数人对此满怀希望。"他接着宣读了一长串政府要解禁的组织的名单，以及政府要废除的一系列用来镇压黑人的法律条文。他告诉沉默的议员们，释放曼德拉的最终日期尚未确定，但是他会"使这个问题毫不迟延地获得最终解决"。但是他批准了南非国民党关于私有化的要求，而当时非国大主张实行国有化。

一些南非人哭起来了。有的拿了香槟，在办公室喝起来；也有的围拢在一起，议论他们以后的生活将会受到什么样的影响。我当时在约翰内斯堡市中心的《商业日报》的办公室。记者们自发地鼓起了掌，尽管他们的职业素养要求他们不该随意表露感情。接着从大街上传来了像风的呼啸声，窗外，从高耸的建筑物看下去像是峡谷的街上有数百人开始走动，他们悄声无息，没有特定的方向，他们现在有了想去哪儿就去哪儿、想怎么去就怎么去的自由。曼德拉争得的自由帮助数百万人挣脱了身上的枷锁。

约翰内斯堡证券市场的股票价格骤然上升。新闻播出之后，议会大厦外的抗议游行队伍逐渐散去。南非圣公会大主教德斯蒙德·图图高度赞扬了德克勒克。正在探视因病住在斯德哥尔摩医院的奥利弗·坦博的非国大领导机构成员表情严肃，没有发表评论——事实上，非国大对该怎样做出反应分歧严重。大家争论不下，未能在第一时间表态。隶属于非国大的群众民主运动倒是走上前台，做出了适当的反应。该组织表示，政府的改革措施是"进步的"，欢迎"某些大胆的步骤"。当晚，整个南非举行了各种庆祝会。

全国矿工总工会总书记兼群众民主运动领导人西里尔·拉马弗萨，当时正在约翰内斯堡一家医院治疗肺炎。当时他在读美国历史学家巴巴拉·塔奇曼所著的著名的关于荒唐政治学的著作《愚蠢的进军》。这时，他把书一扔，用单间病房才有的电话，与穆罕默德·瓦利·穆萨、西德尼·姆法马迪、墨菲·莫罗贝以及其他群众民主运动领导人进行了紧急磋商。一架租来的飞机处于待命状态，随时准备载他们飞往开普敦迎接即将被释放的曼德拉。每一位与非国大有关的人都准备获得权力，并希望自己不要重蹈覆辙。

> 打破暴力的怪圈，取得突破、获得和平与和解的时候到了。沉默的大多数人对此满怀希望。
>
> ——德克勒克
> 1990年2月2日

> 令人感到不幸的是，温妮·曼德拉女士这样一位英勇的战士，曾在长期的斗争中做出过卓越的贡献，却卷入了一场严重损害其名誉的争议之中。
>
> ——《南非真相与和解委员会报告》（第2卷）
> 1998年10月

当西里尔·拉马弗萨从正与曼德拉谈判的朋友那里接到消息，说他们的老领导将于第二天获释时，他立即拔掉胳膊上的输液管，迅速穿好衣服，登上他们的包机就飞往了开普敦（拉马弗萨被许多人认为在未来的几年中应该是曼德拉的继任者）。他因患肺炎而身体虚弱，虽经久治也未能康复，而此刻这一振奋人心的好消息就是一剂良药。

1990年2月11日，曼德拉与妻子温妮手拉着手，走出了帕尔市的维克多·维尔斯特监狱的重重大门。当天晚上，他在开普敦的大阅兵场宣读了一篇由非国大和群众民主运动领导人经过反复研究和激烈辩论之后精心起草但却枯燥无味的演说词。美国参议员杰西·杰克逊试图爬过一道栅栏接近曼德拉，结果不仅没有做到还挂扯了自己的衣服。手上输液针眼处还贴有一块胶布的拉马弗萨，一面拿着曼德拉讲话的麦克风，一面挡住热情的群众。

1990 年 2 月 11 日，曼德拉终获自由。图为他与妻子温妮一起走出维克多·维尔斯特监狱

全国接待委员会希望曼德拉当晚回到索维托的家中，但是那天开普敦的种种庆祝活动却出现了前所未有的混乱状况（其中，从监狱将曼德拉送往开普敦的司机居然迷了路，曼德拉在郊区还向一对大吃一惊的夫妇问路）。图图大主教在开普敦市政厅等待的时候，组织方告诉他，曼德拉当晚将会住在名流汇集的比绍普斯哥特的家里。

如若留宿开普敦,曼德拉也不会住在白人区,他的安全细节需要再三推敲以免无法应对市里的混乱局面。特雷弗·曼纽尔(几年后担任了财政部部长)和杜拉·奥马尔(曼德拉的开普敦律师)已经说服曼德拉,比绍普斯哥特已经被改造成了普通人住的社区。曼德拉一到,就立即参加会议。沃尔特·西苏鲁和其他大多数领导人也在那里,所有人会合到一起之后,立即进行了祈祷。我们吟诵了主祷告词,还唱了科萨语的赞美诗《让我们对主说谢谢您》。但是我们却不断地接到打给曼德拉的电话,一接电话,电话那头儿就说"我是白宫",或者"我是卡翁达"。我的妻子莉亚当时远在索维托,但是我得到了同事和朋友们的帮助。所有这一切我们应对自如。我的医生英格丽·勒鲁是一位瑞典人,她成为第一位看到曼德拉获得自由的医生,这一荣幸让她非常珍惜。

全国接待委员会的成员们不断给我打来电话,要我在约翰内斯堡为曼德拉获释后的第一个晚上安排他住临时住处,我照此办理了。最后安排他住在了哈尼度镇的一个朋友的家里,那儿虽然简陋、宽敞但是比较隐秘,离诺斯戈特·莫尔现在住的地方比较近。莫尔是一位有五个孩子的单身母亲,那晚她把兴奋不已的孩子们临时安排在别处。曼德拉和温妮在返回索维托之前一直住在那里。

> 这是一场没有绝对胜者的战争。南非的两大政治势力——非洲黑人的民族主义和南非白人的民族主义——展开了殊死的斗争。谈判是使得所有南非人都能够参与以决定南非前途的唯一选择。这么一来，为了规划一条通向民主的新南非的道路，压迫者和被压迫者就走到了一起。
>
> ——戈文·姆贝基
> 《正午的日落》，1996年

> 我已经将我的一生献给了南非人民的斗争。我反对单独由白人统治，也反对单独由黑人统治。我的理想是建立一个所有人都能和谐地生活在一起、有着平等机会的民主自由社会。我希望我能为这个理想而生，为实现这个理想而奋斗。如果必要，我愿意为实现这个理想而牺牲生命。
>
> ——曼德拉
> 法庭上的辩词，1963年

艰难攀登

曼德拉重获自由的漫长之路结束了，现在通向民主的艰难攀登开始了。马克·马哈拉吉回想当初那些艰难时日时说：

历史上那些杰出的伟人的动力都来自他们有必须消除苦难和不公的信念。他们的惊人之处是，虽然他们遭受了许多苦难，但他们超越了他们自己的苦难。他们被别人的苦难所激励。他们的苦难湮灭在了追求美好世界的事业中。我们能探究纳尔逊·曼德拉内心世界的唯一时机就是他深思自己家庭的时候。只有此时我们才能看到他的痛苦……但是如若让他背叛他自己或他的事业，曼德拉就会变成铁石心肠的无情之人。

德克勒克在20世纪90年代初未能制止暴力，这一惨痛的教训令他吃了不少苦头。从曼德拉获释时称他为一个"正直的人"开始，德克勒克后来每次公开会见曼德拉都显得羞愧难当。……正如没有严密组织的政治力量就难以实现民主一样，没有非国大所领导的民主进程就不能实现我们国家的变革。实现这样根本性变革的斗争一直伴随着另外一种完全不同的斗争——使非国大必须要成为有效因素的斗争。过去的许多教训与我们所面临的挑战相关。

面对南非十分泛滥的暴力活动，准备回国的非国大成员感到非常惊骇。讨论国内的暴力活动是一回事，但观看国际新闻中播放这些暴力活动的画面是另一回事。夸祖鲁—纳塔尔省和约翰内斯堡市周围市镇激烈的暴力活动令他们十分震惊。非国大全国执委会的主要成员会见南非当局谈判代表、签署《格鲁特斯库尔会议纪要》①时的那种把酒言欢的热烈气氛，很快就被惊骇所取代。

依据1990年5月签署的《格鲁特斯库尔会议纪要》，一个工作小组因之建立，其职责除了设计释放及豁免政治犯的机制之外，还要就如何定义政治罪提出建议。一份措辞笨拙、充斥官僚术语的会议记录指出："对以前所犯的政治罪暂时免予起诉。此一点将以非国大全国执委会成员和所选定的境外的非国大其他成员为基础予以考虑以使他们能够回国，并且帮助他们制定规划和管理政治活动以协助结束暴力。"

非国大代表团由七名黑人、两名白人、一名混血人和一名印度人组成（九男两女），这种构成反映了种族平等和性别平等。政府代表团由九名成员构成，他们全是清一色的白人。非国大要求允许2万～4万流亡者回国。在1990年5月11日非国大全国执委会的会议记录中有这样的说法："德克勒克的代表团似乎下定决心要使谈判取得进展。德克勒克警告不要把武装斗争理想化，这话表明他注意到了武装斗争导致了'街头暴力'。"

非国大在慕尼黑再保险公司借给它的办公室开始了运作，该办公室位于约翰内斯堡市中心的《星报》报社的对面。有同情人士纷纷将电脑、传真机、轿车等借给了非国大，甚至提供服务工

---

① "Groote Schuur"为荷兰语，意为"大谷仓"，是南非开普敦的一处历史悠久的庄园，最早由荷兰殖民机构东印度公司于1657年建造。1910年至1984年，此庄园一直是南非各任总理的官邸，也是种族隔离时期最后一任总统德克勒克的总统官邸。1990年5月4日，获释不久的非国大领袖曼德拉和时任总统德克勒克在此处签署了具有历史意义的"Groote Schuur Minute"，因而此文件可用音译加意译的方式译为《格鲁特斯库尔会议纪要》。——译者注

作。我当时是《洛杉矶时报》评论版的编辑和分析员，报纸当时已经率先使用谷歌技术获得世界各地新闻并进行连续报道。我将一台有非国大需要的资料的电脑借给了非国大办公室，供其宣传部门使用。此举呼应了用各种方式帮助非国大的许许多多的人，我们无非是希望南非能实现和平和社会正义。

> 双方代表团（非国大和政府）一致认为，增进南非人民各方的相互理解，以及只有通过谈判才能解决问题这两点是非常重要的。
> ——1990年8月6日南非国民党政府和非国大签署的《比勒陀利亚备忘录》

1990年7月下旬，警察公开了一份代号叫做"作战开幕式"的绝密行动计划，该文件原本是1988年针对"民族之矛"制定的。得知此事之后，德克勒克狂怒不已，政府里军警官参政要员企图说服他中止谈判，但是德克勒克生气归生气，可并不愚蠢：因为，他明白自己已经开启了一个不可逆转的进程。

1990年8月又举行了第二轮的高级别谈判。1990年8月6日，双方在比勒陀利亚总统府签署了《比勒陀利亚备忘录》。工作小组于1990年5月21日所撰写的有关政治罪问题的最终报告也获得通过。会议要求工作组起草一项释放非国大政治犯并有步骤地对其进行赔偿的计划，并且要求工作组8月底之前上交报告。南非当局定于1990年9月1日之前再释放一批非国大成员，赔偿工作将于1990年10月1日开始，计划年底前完成，以促使流亡者回国。然而，这几个最后期限被证明完全是一厢情愿的：谈判的事项错综复杂，包括操作细节、如何使官方通过以及人道主义方面的诸多因素，比如对释放的囚犯进行心理疏导的预演和对回国的流亡者的安排等，这些事都难以如期完成。

最重要也最具争议的宣言就是，非国大"立即停止武装行动并立即生效。非国大及其军事组织'民族之矛'将不采取进一步的军事行动及其他相关活动"。双方代表对全国各地特别是当时纳塔尔省的严重暴力活动和恐怖活动表达了严重的关切。他们一致认为，应增进南非人民各方的相互理解，"只有通过谈判才能解决问题"。双方致力于采取措施，"根据双方领导人获得相互信任的精神，加快促进局势趋向正常和稳定"。

政府承诺解除在纳塔尔省实施的紧急状态并且废除安全法。《比勒陀利亚备忘录》是以一种非常乐观的口气来结束的（但这种乐观并未持续多久）：

> 我们坚信，我们今天所达成的协议将成为我们国家走向实现真正和平和繁荣道路上的里程碑。我们所有人从此可以走上相互磋商和合作的道路。我们呼吁所有那些尚未参加和平谈判的人现在改弦易辙，就新宪法进行谈判的大门是敞开着的。

在接下来的一个月内，曼德拉出国进行访问，到一些非洲国家、欧洲、北美洲的加拿大和美国，向那些为结束南非种族隔离制度做出巨大贡献的国际友人表示感谢。在纽约访问的第一天，他受到了盛大欢迎，据估计，有7.5万多人纷纷走出家门和办公室欢迎曼德拉的到来。

但是曼德拉回国后,所看到的仍是处在痛苦之中的南非:暴力活动并未被控制住。武装团伙仍然在火车上袭击乘客,用自动步枪扫射他们,并将他们抛扔到铁轨上。根据几年以后在真相与和解委员会的听证会上所揭示的内容,这是政府的暗杀小分队的成员所为。德克勒克在听证会上否认对这些罪行知情,但是有足够的证据表明,虽然他未必对所有的事件知情,但他肯定知道其中一部分。

面对媒体报道的民众被大砍刀砍死和警察滥杀无辜的事件,曼德拉怒不可遏。非国大全国执委会于1990年9月12日至13日的会议记录表明,非国大在被政府解禁7个月后以及早在流亡战士回国和政治犯大规模释放之前,就有了要中止谈判的想法。

上述会议记录写道:

> 有关暴力事件的报告指出,警方与"因卡塔"[①]秘密勾结。有人报告说,佛拉公园难民营的房屋被烧毁是燃烧弹所致。带着头盔的警察与佩戴红臂章的人(即因卡塔成员)掺合在一起。他们威胁那些难民……民众指责非国大没有采取措施保护他们。有人公开撕毁他们(非国大)的党证。有人担心除非我们采取主动行动,否则警方就会给双方提供武器

[①] 因卡塔(Ikatha),全称"因卡塔运动",又称"因卡塔自由党",为南非祖鲁人民族主义组织,但因政见不合与非国大水火不容,导致长期以来双方经常爆发流血冲突,是非国大的主要反对者。——译者注

以使冲突升级。有人说民众会被迫进行自卫，进行报复，但不会是以合法方式，除非我们部署训练有素的战士协助他们建立正当自卫的机制，否则其自卫方式将是无效的，但此事必须公开进行。

有人呼吁建立自卫组织的领导机构。会议记录指出：

> 应对副主席（曼德拉）提出的我们应该中止谈判的建议进行广泛的讨论。大家一致认为，应当召开一次执委会特别扩大会议以是否讨论中止与政府当局的谈判问题。现在到了该我们告诉德克勒克要么在七天内解决暴力冲突问题，要么中止谈判的时候了。

南非班图族武装战士曾在20世纪90年代初给豪登省的各个城镇的居民造成了巨大的恐慌，当时发生的严重冲突事件每日都造成数十人死亡，图为东兰德的沃斯鲁卢斯（Vosloorus）的班图族武装人员准备战斗

几天之后，即 1990 年 9 月 18 日，曼德拉召开了一次非国大紧急扩大会议，他在会上详细介绍了他与德克勒克之间进行的艰难谈判，并怀疑警方参与了暴力屠杀活动。他告诉与会者，德克勒克对此完全否认。曼德拉引述了德克勒克的原话："……安全部队支持和平倡议。"曼德拉向德克勒克指出，纳塔尔省有 4 000 人死亡，约翰内斯堡周边的市镇有 700 人死亡，却没有抓捕几个罪犯，也没有暴力事件减少的迹象。德克勒克则回应说："有第三方精心策划了暴力事件，政府已经采取对策消灭这些势力。"陆军司令康斯坦德·维尔伊恩将军插话说："虽然不存在力量强大到可以与政府、非国大分廷抗礼的第三种势力，但是的确有人故意捣乱。"

曼德拉对安全部队向城镇居民开枪时的那种从容提出了质疑。他反对政府打算在进城务工的农民居住的公寓四周围起铁丝网的计划，尽管非国大公开呼吁这么做。他指出，虽然有些公寓已经筑起了围墙，"……但是警察却允许武装分子出来作恶"。

曼德拉说，他和皮纽尔·马杜纳、佐拉·斯奎伊亚以及马修斯·弗萨之前就会见过警察总监约翰·科特兹将军、范希尔登将军以及纳塔尔省的总检察长蒂姆·麦克纳利以推动抓捕和制裁恐怖分子，但是收效甚微。当非国大的纳塔尔省领导人在非国大全国执委会会议上慷慨陈词的时候，现场的气氛白热化起来。哈利·格瓦拉说："纳塔尔的人民如同生活在灌木丛中的猎物一样，任人猎杀。他们面临的选择只有两种：要么参加因卡塔，要么被杀死。警察一来就告诉人们说，他们不需要武器自卫，因为非国大已经停止了武装斗争。民众强烈要求非国大能帮助他们自卫。"

曼德拉问道："我们对这一要求该做出怎样的回应呢?"会上一片沉寂，无人回答。曼德拉沉痛地说："我们需要向政府施压，制止他们的口是心非。"

由非国大、南非工会大会和南非共产党组成的三方联盟对此义愤填膺。三方的成员都有家人或朋友逃离家园的逃离家园，被杀的被杀，受伤的受伤。在后来的一次三方联盟会议上，参会人员猛烈抨击了1990年8月6日做出的停止武装斗争的决定。曼德拉发现自己的动机受到质疑。会议就人们的意见做了这样的归纳："我们所采取的行动就好像我们有可能与当局达成君子协议。"有人极力要求国际社会进行调停，有人则说："我们必须要规定采取大规模行动的最后期限。"

曼德拉对此开始做了言辞犀利的回应——因为局势恶化到了危及他的信誉和领导权威的地步。1990年12月11日，他写信给出席欧共体峰会的各国领导人，要求对南非当局的制裁决定推迟到1991年初再做出。

> 尽管我们付出过了很大努力，我们仍没有像1989年12月联合国大会所通过的有关南非的决议预见的那样消除谈判的障碍。绝大多数政治犯还未获释，民众依旧不经审判就遭拘禁，这仅是其中的两项。非国大于1990年8月6日与政府所达成的就宪法问题开始试探性谈判的重要协议尚未实施，因为政府拒绝谈判。

此时，曼德拉的勇气和领导权威受到了前所未有的考验。

价值观的冲突

> 将你的枪、你的匕首、你的大刀扔进大海,关闭死亡的工厂,结束这场战争吧!
>
> ——纳尔逊·曼德拉
> 在南非德班的讲话,1990年2月25日

1996年3月16日，一名来自杜贝难民营的索维托因卡塔自由党的成员领导班图族武装力量进行游行示威

离开监狱之前，曼德拉写信给他的老朋友、以祖鲁人为基础组成的因卡塔运动的领导人曼戈苏图·布特莱齐，呼吁他协助结束在纳塔尔省的内战——在曼德拉1990年获释之前，持续五年时间的激烈内战已造成15万人死亡，100多万人沦为难民。

20世纪50年代，经沃尔特·西苏鲁介绍，曼德拉与布特莱齐相识。在非国大遭禁、成员流亡及其部分领导人身陷囹圄的漫长岁月里，布特莱齐承继了非国大的许多传统。1975年，在非国大的支持下，布特莱齐成立了旨在保护祖鲁人文化的组织——因卡塔，但该组织很快就呈现出了政治性，甚至其旗帜也采用了非国大黑绿黄三色旗的颜色。至1979年，有民调显示，布特莱齐在黑人中的知名度甚至超过了曼德拉。然而，由于卷入了班图斯坦的种族隔离政策，布特莱齐与非国大之间的关系开始紧张起来(班图斯坦被称为"黑人家园"，南非政府给予其半独立地位，作为阻止黑人进入"白人城市"的手段，但是这里土地贫瘠、生活贫困，注定要实行种族隔离政策)。不久，布特莱齐与非国大之间的不合被公开，但因卡塔与非国大之间的暴力冲突在20世纪

80 年代末才出现。

两人在曼德拉获释近一年之后才终于有机会公开会面。在会见中,曼德拉呼吁"青年"(曼德拉称为"革命斗争的突击部队")理解诸如布特莱齐这样的国内领导人。1990 年 4 月 13 日,在卡温格瓦尼的卡尼亚马扎恩举行的南非青年代表大会上发表讲话时,曼德拉说:

> 我呼吁你们不必对这些国内领导人抱有敌意。他们是我们的骨肉同胞,我们需要他们参加革命斗争。我们知道有些人进入了政府体制之内并以为这是有效的选择。但是只要那些发现自己犯了错误的人愿意参加解放运动,那就让我们张开双臂欢迎他们吧。没有必要说因为一个人犯了错误,我们以后就不应该同他一道工作。

布特莱齐自 1989 年以来一直希望能与非国大举行会谈。1989 年 8 月 7 日,非国大在卢萨卡举行全国执委会会议,参会人员有阿尔弗雷德·恩佐、乔·斯洛沃、雅各布·祖马及另外几人。会上有人谈到布特莱齐提出的会面请求。"关于要举行的会谈之事……应由奥利弗·坦博主席发出个人邀请。……会议认为,我们应当保留与布特莱齐的通信记录,以便(在适当时候)揭露布特莱齐破坏和平谈判的图谋。"

作为非国大的老对手,政府没那么容易善罢甘休。非国大 1991 年 4 月发给高级干部的一份文件中,用了一个很拗口的标题，即"酝酿中的反革命——关于在过渡时期的一种常见的暴力观"。此文件一针见血地指出："任何形势下，暴力都不是最终目的。它有着特定的政治目标。"这份文件还认为，当局奉行的战略是展现自己是转型进程中不可或缺的力量，即认为自己既是进程的掌控者又是实现转型的最佳力量。

但是暴力活动却日渐升级，难以控制。比如佛拉公园内的东兰德大难民营，本是附近的宗克斯兹韦民众为躲避暴力冲突来到这里逐渐形成的，到1992年时有4.5万人在这里居住。后来又有来自别处的无家可归者汇集到这里。在草草建起的棚户区的坑坑洼洼的道路上，孩子们模仿着大人玩打仗游戏，他们用硬纸板做盾牌，木棍做长矛，还有粗糙仿制的AK-47步枪。1992年初，有1万人从阿曼济姆托蒂附近的佛尔温尼逃难到这里。乌姆拉奇和默奇深两地也如此，分别有4 000人和1 000人逃到这里。

发生冲突地区的各个村庄，家家户户空无一人：洞开的房门有些瘆人，鸡在啄土刨食，猪羊乱跑，到处觅食。在坟场，红土的坟丘一个挨一个；不断冒出新坟，埋葬了刚刚在大屠杀中死去的人。真相与和解委员会的最终报告谴责因卡塔自由党杀害了4 000人，非国大杀害了1 000人，南非政府警察当局和夸祖鲁省警察当局杀害的人数也与之相差不远。布特莱齐痛惜曼德拉未能和他见面进行和平谈判，他回忆起曼德拉在狱中写给他的信说：

  曼德拉感到非常痛苦，说我们应该会面，因为暴力活动对于我们这些领导人来说是一个耻辱。他获释几天后给我打电话，为他的获释感谢我，想让我陪他去见酋长（古德维尔·孜维勒悌尼）商讨如何制止暴力活动的事情。我确定了会见日期，可是最终未能成行。在很久以后他才告诉我哈利·格瓦拉之类的激进派说，任何情况下他都不应该会见我。

这非常可惜，否则南非的历史会完全不同：我们也许会共同迅速消除暴力活动并从中得到回报。后来当我们一起到纽约参加联合国安理会会议时，他把我描绘成南非国民党的代理人——当联合民主阵线和流亡在外的人攻击我时，我一向以他为榜样而自我安慰与激励——现在他的行为令我崩溃。

政治家们有能力让自己的语言导致冲突，并且暴力活动一旦开始，就会失控并迅速蔓延，就有可能被别的势力、政治团体或者犯罪集团利用，从而为自己服务。1990年7月，祖鲁族战士与非国大悼念者之间的冲突过后，发生在市镇和乡村地区的屠杀事件反映了曼德拉与德克勒克之间的紧张关系。尽管曼德拉发出了因卡塔准备挑起冲突的警告，但德克勒克却没有采取任何措施去制止冲突的发生。事后看来，曼德拉或许可以做得更多。双方在塞波肯举行的一场葬礼上发生冲突，导致32人死亡。

事后，愤怒的曼德拉在记者会上说："你①事先得到过警告却一无所为，为什么？为什么没有拘捕任何人？在任何国家，32 个人遭到这样的屠杀，国家元首都会出面谴责此事并安慰死者家属。为什么你就无动于衷呢？"对此德克勒克没有回答。

恰恰相反，在接下来的 8 月 31 日，南非政府颁布了由德克勒克签署的修改夸祖鲁—纳塔尔省（布特莱齐管理下的地方）的祖鲁法典的法令：

> 任何黑人不得携带长矛、木棍、战斧、铁皮包裹的木棍、钝铁棒或尖铁棒及其他任何凶器，除非携带者能证实自己携带这些凶器并非目的不良，而是符合祖鲁人的文化传统、生活习惯或宗教意图。

其他族群没有类似的"文化"权利。因此，在夸祖鲁—纳塔尔省，这些残酷的杀戮工具第一次获得了合法地位。

非国大很快就陷入了危机。由曼德拉主持召开的 9 月 12—13 日非国大全国执委会特别会议的会议记录指出："有关暴力冲突的报告表明，有警察卷入了非国大与因卡塔的冲突。"

有人呼吁建立一个由非国大中央组织的自卫团体——虽然这些团体后来建立起来了，但最终却演变成了任何政治领导人都控制不了的力量。

---

① "你"指德克勒克。——译者注

> 我们必须开始实施政策、法律、机构等各方面的改革,预算部门、行政部门以及服务机制都在其列。我们该怎样用一种创造性的方式提供服务,以及该怎样革除那些僵化的东西呢?
>
> ——杰伊·奈都
>
> (前邮政、电信和广播部部长)

非国大全国执委会指出:

> 布特莱齐不会单单满足于同曼德拉见面。他已经在同政府和某些国际组织合作。会面如果没有取得进展的话,其后果将是灾难性的,并且暴力冲突将会加剧……我们在同政府进行接触时已经犯了错误,给人的印象好像是我们绝不允许任何事情阻止谈判进程。

曼德拉已经无计可施。在公开的声明中,曼德拉一直在帮像布特莱齐这样的国内领导人赢得公众的同情,这是他的国家统一事业的一部分。他称德克勒克是一个"正直的人",并称布特莱齐是他的兄弟,但此种表态遭到非国大内部部分成员的批评。他甚至在获释后不久就给非国大领导层建议允许布特莱齐、德克勒克和自己一起访问冲突地区以查明冲突的原因。非国大接受了建议,但这一要求没有得到德克勒克和布特莱齐的响应。在全国执委会会议之后,非国大威胁要推迟原定于1991年4月4日举行的谈判,并要求德克勒克答应采取七项措施以在5月9日之前结束冲突。

之前几个月，因卡塔和非国大举行了热烈缜密但却常常不公开的会议。1990年9月26日，非国大与因卡塔双方官员进行了会谈，双方重申必须"立即结束冲突"。三个星期后，双方于1990年10月15日再次举行会晤。在新闻发布室外的记者们说，会谈的气氛似乎是轻松、友好的，偶尔还可听到笑声。然而除了气氛热烈之外，会议没有发布新闻声明。

在闭门磋商中，由约翰·恩卡迪蒙、雅各布·祖马、塔博·姆贝基、乔·恩赫兰赫拉和乔尔·纳什特恩泽等组成的非国大代表团和弗兰克·穆德拉罗斯、E. S. E. 斯特贝、V. B. 恩德罗夫、E. T. 布亨古、M. 宗迪和 N. 恩科赫利等组成的因卡塔代表团一致同意双方领导人之间举行一次会晤，但遗憾的是他们当时并不觉得有必要让公众知情，因为据会谈记录记载，当时双方很难深入了解对方，这也表明再小的事情因沟通不畅也会导致对抗。

会议记录指出：

> 因卡塔内部的主要问题是市镇议会中没有包括其他地方领导人在内，尤其是一些地方酋长，因而这些领导人感到自己被冷落了。而且对于一些人来说，暴力已经成为一种经济来源，另外一些人则在暴力活动中成为英雄，因此很难向这些人推销和平。

难以进一步实现和平的障碍是：

> （来自非国大和因卡塔自由党的）地方领导人担心被人看

见与对方在一起，因为这有可能激怒自己的追随者。因此，我们需要各地方的人逐渐习惯一起解决问题，这将有助于消除毫无根据的谣言，为民众树立榜样，促进整个和平进程。

用之后四年中被重复了一遍又一遍的话来说，这一积极的会晤认为：

> 来自高层的声明将会危害地方的和平倡议：如果其中一位领导人发表有敌意的声明，民众注定要认同这一声明，而这将会给整个进程设置障碍。我们呼吁最高领导层协助配合委员会的工作，不要发表危害和平进程的声明。

在举行了若干次秘密会晤之后，1991年1月29日，布特莱齐和曼德拉才在德班举行第一次公开会谈。尽管两人又是微笑又是握手，可是对于等候在外面的众多记者来说，1月的这次会谈的气氛显然很紧张。闭门会晤开始后，曼德拉对布特莱齐说：

> ……全国各地日益升级的暴力活动是对整个黑人领导层的一种谴责。现在不是推卸责任的时候，我们必须对这些暴力活动集体承担责任。在这些暴力活动中存在着派系斗争的因素，因而我们必须承认有第三种势力从中作梗。

布特莱齐接受存在第三种势力的说法，但指出这需要在因卡塔自由党中央委员会的层次进行深入讨论。

非国大和因卡塔自由党之间的气氛也有轻松的时候。因卡塔自由党议员苏珊娜·沃斯回忆说：

> 我乘飞机到德班去开会。报纸上刊登了一幅我与富有的因卡塔自由党桑顿支部的人在一起的照片。曼德拉对我说："我今天早晨在报纸上看到了你的照片。"他接着又说："你们因卡塔的成员来开会携带你们的传统文化武器吗？"我说："不，我的同事只佩戴叮当作响的珠宝。"

可惜的是，这种轻松时刻很少，更多的是流血事件。1991年7月，报纸上刊出的揭秘文件表明，因卡塔自由党是由政府提供资金的。这些文件还表明，因卡塔自由党的一些干部是在政府军的秘密军营接受训练并且接受武器的。

更糟的事情还在后头。1992年6月17日，来自夸马达拉难民营的一股班图族武装分子，从南非伊斯科钢铁厂的侧翼悄悄越过黑暗的田地，来到支持非国大的博帕彤居民区，杀死了46人。其中包括一名被母亲紧抱在怀里的婴儿，他被歹徒用斧头削掉了一块头皮。当时就有居民称，后来也在戈德斯通委员会上作证说，班图族武装分子的行动得到了警察的保护。

曼德拉愤然取消了与政府的谈判。"我无法同我们的人民解释为什么我们要继续同屠杀我们的人民的政府进行谈判。"他说。德克勒克去了事发现场，但狼狈而归，愤怒的群众一边砸他的汽车，一边高喊："滚回去，狗东西！"在他仓皇逃走时，警察悍然开枪，又有三人被打死。

理查德·戈德斯通法官领导了以他的名字命名的委员会对暴力事件进行调查（作为对他的正直品格的认可，戈德斯通后来成为联合国调查原南斯拉夫大屠杀事件和卢旺达大屠杀事件的国际法庭的第一任检察官。1993年，他顽强地同南非当局的暗杀小分队和暴力冲突做斗争）。他当时发表报告说：

> 只有因卡塔自由党和非国大自己才有能力遏制它们各自的支持者的暴行……即使对政府安全部队的指控被证属实，但如若不是非国大和因卡塔自由党之间的争斗的话，这样的暴行也是不可能的。

戈德斯通委员会批评非国大和因卡塔自由党领导层"过于草率"地互相指责，但在加强对各自成员纪律和责任教育、进而采取措施制止暴行方面却"行动迟缓"。

在旷日持久的政治暴力中，警察事实上演变成了准军事部队，而且因为依据允许拘留和间接纵容酷刑的安全法律，警察往往无力侦办刑事案件。刑事犯罪成为"暴力事件"的一部分。社区民众开始自行武装自己，采取自卫措施来保护自己，不仅对付政治对手，而且也对付披着政治暴力外衣随意游荡的犯罪团伙——有些因失业而找不到工作的年轻人获得政治权利之后，在从事政治活动的名义下进行恐怖活动和犯罪。

法庭未能正常运转，因而被政治暴力所掩盖的刑事犯罪活动十分猖獗，这无疑会给未来的民主国家带来深深的创伤。长达一个世纪、使得南非各民族彼此分裂的派别冲突，在暴力的阴霾下不仅十分活跃，而且呈现出了新的形式。

在一系列发生在火车上的屠杀案件中，乘车去上班的旅客或是被扔出火车，或是被打死在座位上。其中有一次，当虔诚的基督徒乘客在通勤车厢里进行祷告时，一整节车厢的在祈祷和唱赞美诗的乘客被悉数杀害。后来在真相与和解委员会的听证会上，政府的特工人员坦白，是他们制造了这一暴行。

非国大关于反革命的文献就曾正确地猜测到：

> ……尤其要指出，席卷豪登省的暴力事件的性质……是由训练有素的职业歹徒进行的有组织的反革命活动。这些活动经过精心策划，而且虽然直接参与者或许没有什么政治纲领，但幕后主使者一定有明确的政治目的。
>
> 这些暴力活动是典型的经过精心策划的恐怖主义。它们的行为不是什么一般的越轨行为，而是反映了这些势力始终是在政府支持下出于某种特定目的进行秘密活动——当局在为搞镇压制造借口——在特定的时刻挑起和制止暴力冲突以造成一种印象：要在各个市镇实现和平，当局的作用不可或缺。

几年之后，成为曼德拉政府内政部部长的布特莱齐心中仍存在由非国大的中伤诽谤所造成的伤疤——当我于1998年在议会大厦他的办公室里采访他时，他说：

这些伤疤还在,我们没有忘记。不经过一段时间的和解你是不会忘记的,现在还不能说因卡塔自由党和非国大能够融合。我们需要安静地坐下来谈谈以消除分歧。

比曼德拉小 10 岁的布特莱齐说,曼德拉曾是他心目中的英雄,并特地强调了"曾是"二字。据知情者说,曼德拉在与布特莱齐谈判时常常对后者近乎欺凌,"这反而使得布特莱齐立场更加强硬"。

因卡塔与非国大各自支持者之间的敌意在 1994 年大选之后依然存在,夸祖鲁—纳塔尔省的暴力活动持续不断

确定的选举日快要到来的时候,非国大与因卡塔之间的关系更加糟糕了。布特莱齐发出威胁说夸祖鲁—纳塔尔省将不会承认任何谈判结果(因卡塔之前已经退出了谈判),并且将会自行其是。他呼吁达成有国际社会参与谈判的协议，对这一呼吁曼德拉最终表示接受，尽管它最终被证明是一种徒劳的宣传策略。

由于政治家们做出了姿态，夸祖鲁—纳塔尔省的选举活动相对比较平和。因卡塔友好地融入了民族团结政府之中。1998年6月，布特莱齐不无骄傲地说："曼德拉和姆贝基出国访问期间，到目前为止，我已经有九次担任代总统。这是一项世界纪录，而且我还不是非国大成员。"在曼德拉满80岁一个月之后的1998年8月27日，布特莱齐庆祝了自己的70岁生日。当被问到是否有退休的打算时，他说："没有，任务很繁重，很多事情等着我们去做。"当被问到他是否会推荐自己的继任者时，他说："我一出生就是一个酋长，虽然我愿意安享晚年，但我生来就有为社会服务的责任。现在虽然我认为我已为国家提供了最好的服务，并且也许会有年轻的领导人来接班；但我说过多次，等我们获得政治上的解放的时候，也是解放斗争将要真正开始的时候，那才是我退休的时候，而现在斗争才刚刚开始。"

到了2014年，布特莱齐仍以85岁的高龄领导着他的政党。尽管希望他退休的呼声很高，但是因为他所领导的因卡塔自由党的影响力在下降，他仍无意放弃领导权。

> 曼德拉不是在水上踏步，他是在穿着轮滑鞋行进。他专制、无情、志坚如钢。
>
> ——因卡塔自由党资深议会议员

变　革

> 变革是否能让我们坚定地走上多数人统治的道路？这还要多久呢？
>
> ——纳尔逊·曼德拉
> 参加讨论多党谈判的协议书时的发言，1993年

1997年，曼德拉总统参加议会会议

1993年的某天深夜，当人们认为这场马拉松式谈判终于取得突破性进展时，非国大谈判代表团来到曼德拉在约翰内斯堡的家里向他做汇报。时任非国大主席的曼德拉向精神疲惫的代表团成员提出了两个问题："变革是否能让我们坚定地走上多数人统治的道路？这还要多久呢？"马克·马哈拉吉停顿了一下，笑了笑说："曼德拉对我们的回答很满意，并且祝愿新宪法早日诞生。"

民主谈判在一个大型仓房里举行，附近有一家大篷车式零售商店，整个仓房被橡胶树环绕着。这里离约翰内斯堡国际机场不远，是一个理想的谈判之处。仓房有数十间小型办公室和其他房间，可供各个政党、新闻记者和其他组织机构召开会议与讨论使用；主厅很大，可容纳28个参与多党谈判的代表团；大厅功能齐全，也可分割成较小的单元使用。谈判常常持续到夜里两三点钟，而且天刚蒙蒙亮就又接着进行。大厅隔壁餐厅的员工已经习惯了多班倒式的工作，并且常常一天工作18～20个小时。他们要给代表团供应热咖啡、热茶，早餐供应粥和炒鸡蛋，晚饭和夜宵供应炖菜。

从一开始，右翼的荷裔白人及其追随者和一些英裔白人就反对解除对政党的禁令及释放政治犯。他们反对采取包括承认黑人人权在内的任何为在南非实行多数人统治铺平道路的行动。

1990年4月至7月中旬，在约翰内斯堡，右翼组织针对黑人常去之地，比如小型出租面包车候车站等，制造了12起爆炸事件，造成2人死亡，48人受伤。有人从警察局、军械库和国防军的武器仓库里偷窃枪支弹药。有传言说，右翼白人组织南非白人抵抗运动领导人尤金·特雷布兰奇是军队情报部门的特工，并且制造爆炸事件的目的是图谋破坏或阻止民主选举。到1998年真相与和解委员会听证会结束的时候，这一指控似乎并非牵强附会，但政府也从未认可其可靠性（几年以后，尤金·特雷布兰奇在其私人小型农场上被农场工人暗杀）。

戴维·奥特维在他所著的《连在一起》一书中写道：曼德拉与德克勒克之间的个人关系成为暴力冲突的牺牲品——他们对彼此越来越失望，质疑对方笼络各自支持者的能力，并且发现双方在应如何治理新南非方面持有的观点截然不同。

两人都指责对方"一面大谈和平，一面发动战争"。和平进程严重受阻，因为两位领导人既未按他们所达成的第一批协议的字面意义去做，也未遵守其精神实质——难怪1990年5月至1992年9月之间所达成的协议，无论是在释放政治犯方面，还是在流亡者回国方面，以及非国大秘密武器库、制止暴力等方面，没有一项得到按时执行或严格遵守。他们面临的挑战不仅是两人的私人关系的破裂,还扩大到了双方政党的关系上:他们花在与本阵营的人谈判上的时间并不少于与对方的谈判。

曼德拉个人对德克勒克进行的严厉抨击使人疑惑:既然如此,那他为什么还要同国家总统进行谈判。有时他也缺乏政治勇气,虽然谴责非国大的对手滥施暴力,但对有同样行为的己方追随者,他却不敢严惩。……同样,如果德克勒克愿意的话,手中握有国家权力和安全机构的他原本可以采取行动,可是他却没有。反倒是第三方理查德·戈德斯通法官(如前所述,戈德斯通法官领导了一个调查委员会,专门从事调查国家安全部门是否参与了政治暴力活动)指出,曼德拉和德克勒克两人都应对政治暴力承担部分责任,双方作为国家的主要政治家都应该有担当。

早在1991年1月8日非国大发表一年一度的声明之时——这一年,声明的题目是《为将权力转移到人民手中而采取群众行动的1991年》——曼德拉就向非国大全国执委会提出这一观点:

> 当局将必须承担因未能实施《格鲁特斯库尔会议纪要》和《比勒陀利亚备忘录》而导致的宪法谈判延迟的全部责任。我们将采取一切手段确保这些协议得到遵守,因为这些协议对于早日开始就新宪法进行谈判的进程有其内在重要性和相关性。

非国大希望选举出参加制宪会议的代表来主导谈判进程,并建立"一个临时政府来监督过渡的进程,直到建立起新的议会和建立起以新宪法为基础的民主政府"。尽管不断呼吁警察机构和军队参与结束冲突以及南非政府辞职,非国大也"重申人民有权自卫。依据我们的协商会议做出的决定,我们的运动应该致力于帮助全国人民为保卫每一个社区建立起必要的机制,该机制必须获得全体人民的支持和信任"。

曼德拉在非国大用作会议室的小办公室里语调沉闷地宣读了这一声明,该办公室所在的大楼为慕尼黑再保险公司所有,位于约翰内斯堡市中心。奥利弗·坦博直直地坐在一旁——这是坦博在南非公开露面的其中一次,他的儿子达利站在他身旁,身穿黑色的尼赫鲁式西装,举止显得很优雅。记者们席地而坐,挤在狭小的房间里,而且还占满了楼道。

该声明宣布:"我们重申将坚定不移地反对本党任何成员和支持者在需要政治谈判的方面使用武力,反对将武力作为进行任何行动的一种手段。"非国大的两种声音展示了其公众形象的两面性——一种大谈和平,另一种威胁要诉诸战争,但是令人遗憾的是,非国大好斗的一面在黑人居住区更多的是起到了煽风点火的作用,因而导致了不必要的死亡。但与此同时,非国大也宣称它将联络其他相关组织"阻止暴力对抗……我们相信包括因卡塔自由党在内的所有政党将跟我们一起真诚合作来拯救人民群众的生命和他们的财产"。

1991年1月29日,曼德拉和布特莱齐举行会晤,讨论在夸祖鲁—纳塔尔省实现和平的途径,但是他们所达成的协议对于在夸祖鲁—纳塔尔省的市镇和山区或约翰内斯堡周边地区的交战各方没有任何意义。暴力日益升级，几乎每天都有数十人死亡，这令曼德拉心急如焚。

4月3日，曼德拉在开普敦同美国国会议员及其助手举行闭门会议，在会上他做了长篇讲话，就持续的暴力活动抨击德克勒克。第二天，他在非国大全国执委会会议上说，他曾把德克勒克说成是一个"正直的人"，然而他错了，因而在次日非国大向德克勒克公开发出通牒，要求他在5月9日之前采取七项措施以结束暴力，否则就中止谈判，也就不奇怪了。

当7月19日各大报纸的报道显示是南非当局出资建立了因卡塔，并且给1988年11月和1989年3月两次群众集会直接出钱之后，和平进程就几近崩溃了。报纸说，它们掌握的证据表明，政府不仅给因卡塔提供枪支，而且还训练因卡塔的干部。

外交部部长皮克·博塔在南非广播公司电视台举行新闻发布会（该发布会的影像资料经过精心编辑之后才播出）。在会上，有新闻记者批评政府言行不一，并且参与了发生在夸祖鲁—纳塔尔省的数百平民被杀事件。面红耳赤的博塔对此极力否认（后来的真相与和解委员会证实这一说法属实），并且将记者的指控斥责为歇斯底里的宣传。

紧张局势依然在加剧。9月14日，由宗教团体和民间组织参加的全国和平会议在约翰内斯堡举行。这是曼德拉、德克勒克、布特莱齐三人第一次在同一个讲台上面对面。从照片上看，他们神情不悦，心境不佳，这预示着会议难以成功。会议草拟并由各方签署了和平协议，然而，民间组织表明了自己的愿望：它们希望和谈继续举行，它们需要和平成为主流。

在 1991 年的和平协议签署仪式上，神情严肃的曼德拉和德克勒克

从 11 月 28 日至 29 日，来自 20 个政党组织的 60 名代表在约翰内斯堡国际机场（现称奥利弗·雷金纳德·坦博国际机场）附近的一家酒店中举行了会谈，为多方会谈制定基本规则。泛非大会于次日退出了谈判。

> 我把德克勒克称为一个"正直的人"，然而我错了。
>
> ——纳尔逊·曼德拉
>
> 在非国大全国执委会会议上的发言，1991 年 4 月 4 日

有人期许圣诞节的到来也许能带来友好气氛,结果表明并非如此。由18个代表团和政府当局参加的民主南非大会在12月20日举行,这被认为是和平谈判的第一个阶段。布特莱齐本人拒绝赴会,但派出了代表。与会代表个个都精疲力竭,情绪紧张,愤怒不已。德克勒克在第一次会议结束时说,政府不反对建立起一个由多种族人士组成的临时政府,并可以考虑接受权力分享的建议。但是他接下来对非国大参加会议的权利提出质疑。他说,非国大没有公布其秘密武器库的地点,还拥有一支私人军队。德克勒克一走下台,显然已被激怒的曼德拉就走上了讲台。曼德拉说,南非国民党"一面大谈和平,一面发动战争",这是在搞双重标准。他还说,德克勒克"不适合当总统"。局面没有因这次会议得到改善。第一次民主南非大会会期比较短,后来又举行了双方会谈。

1992年3月17日,在波切夫斯特鲁姆举行的南非国民党补选遭遇重大失利之后,德克勒克就自己推行的政策举行全民公决。选民投票十分踊跃,有68.6%的白人选民投票支持和平谈判。

然而,投票结果所带来的乐观局面很快就被博帕彤大屠杀给冲掉了,这一导致46人死亡的事件我们在上一章讲过。之后非国大中止了跟政府的所有接触,双方阵营中那些喜欢战争的人却十分高兴,这并不奇怪。

但出乎意料的是,有关各方却付出了和平的努力:11月16日,戈德斯通法官宣布,他领导的调查委员会对军事情报部门的秘密行动中心突然进行了一次前所未有的搜查。搜查人员当着那些惊愕、无助的军官的面搬出了若干箱档案。戈德斯通法官此举正中种族隔离制度的要害：他的属下在这些档案中发现了有关政府参与暗杀及秘密煽动暴力的文件资料。因此，德克勒克任命了一个斯泰恩委员会以全面调查军方的所作所为。一个月后，该委员会命令23名官员停职或退休，但是这被看做是"亡羊补牢"，其意义不大。军队的力量已经被和平进程削弱了，他们再也无法左右局势。

1993年2月12日，非国大和南非政府宣布达成一项以五年为过渡期的协议。在过渡期内，由各方的主要胜选者组成的民族团结政府来治理国家。3月5日，和平谈判一恢复，和谈代表们便夜以继日地工作，其目的是早日定下1994年民主选举的日期。他们需要克服无数障碍，尤其是克服右翼白人通过制造爆炸和暗杀事件而造成的困难。4月1日，民主南非大会举行了第三次全体会议，有25个政党组织与会，包括南非国民党。右翼暴徒驾驶一辆装甲车冲进多党谈判中心进行挑衅和威胁，但最终其图谋没有得逞。

然而，产生重大影响的事件是南非共产党总书记、非国大军事组织"民族之矛"前领导人克里斯·哈尼在4月10日被暗杀。一直在全力以赴进行调停的哈尼在自己家门前的车道上遇刺，凶手是右翼的波兰裔移民雅努斯·瓦鲁兹，他事先与保守党领袖克莱夫·德比-刘易斯进行了密谋。哈尼15岁的女儿诺玛科维奇跑出来,发现父亲受了致命伤。(令人遗憾的是,她本人几年之后因哮喘发作而早早离世。)一个白人邻居看到了逃跑的车辆,随即报警。瓦鲁兹没跑出多远便被逮捕。哈尼最亲密的朋友托吉欧·塞克斯威尔迅即赶到哈尼的家里,但为时已晚。次日,世界各大报纸都刊登了他俯身抱着白布覆盖的哈尼的遗体痛哭的照片。塞克斯威尔继承了哈尼的遗志,继续领导追随者呼吁和平与团结。因为非国大领导人呼吁全国民众保持克制,右翼分子通过暗杀手段而制造骚乱的图谋没有得逞。全国各地的民众都沉痛悼念哈尼之死。

更令人悲伤的事情还在后面:哈尼遇刺14天后,从1967年至1991年(1991年曼德拉当选为新任主席)担任非国大主席的奥利弗·坦博因患中风去世,享年75岁。他走时,妻子阿德莱德、两个女儿和儿子都陪伴在他身旁。哈尼和坦博的去世带来的沉重打击使曼德拉和非国大下定了决心:不能再浪费时间了。

实行种族隔离制度的南非在最后一段时间里似乎陷入了全面的混乱局面:机会主义的政治联盟纷纷建立;因卡塔和右翼的荷裔南非白人结成了联盟,有人大肆鼓吹战争;荷裔白人还威胁说要脱离南非另立国家——从国家中心地带呈镰刀形向南延伸,在当时的德兰士瓦(现称豪登省和普马兰加省)地区有69个市镇,它们和别的地方的50个村镇的荷裔白人宣布成立"人民国家"(Volkstate),企图建立独立的荷裔白人国家。

曼德拉：希望的承载者、梦想的实现者

有着1.5万名白人和6.5万名黑人并由白人议会统治的斯坦德顿镇（现属普马兰加省），于1993年11月宣布自称"人民国家"。结果，黑人群众以抵制本镇企业生产的商品作为回应，这个"国家"很快就瘫痪了。该镇分裂了，泾渭分明。白人无论走到哪儿都腰佩刀剑，而黑人则纷纷加入反白人的军事组织——泛非大会。当白人商人意识到黑人的抵制使他们的经济遭受重创的时候，他们开始向镇政府施压求变。镇里有一个商人抱怨说，当外国投资者听说他们自建"人民国家"之后，他痛失了一份价值1 100万南非兰特的投资建厂的合同。在无政府状态越发严重之时，博普塔茨瓦纳（一个黑人聚居区）意欲仿效布特莱齐领导下的夸祖鲁—纳塔尔省，威胁说要宣布单边独立。

这一切似乎都表明，残酷的暴力远没有终结。右翼武装分子在博普塔茨瓦纳寻衅滋事，结果有3人被当地民兵处死，尽管他们曾躺在路边求饶。即使自由的曙光已经在望，但平时举止温和而常挂微笑的曼德拉此时也不禁黯然神伤。

1994年南非举行的第一次民主选举当然存在许多问题：投票当日，全国很多地方乱象丛生；选民不仅受到了暴力事件的影响，还受到了吓阻他们前往投票站的威胁；有些地方选票没有及时运到，还有某些地方负责选举工作的官员忘记分发墨水。但是民众的投票热情向全世界表明，虽然秩序混乱，这次选举却如期进行——准时而公平。

1994年4月26日是选举首日，是专门为孕妇和老人安排的。

在夸祖鲁—纳塔尔省的乡村地区，一些被问到从哪里来的老人望望远处地平线上的蓝色的丘陵，说他们走了两天甚至三天才来到投票站。有的赤着脚，有的脚上只有一只鞋子。他们坐在烈日下，没有水喝，没有饭吃，没条件洗澡，耐心地等着投上自己一生中的第一张选票。到了夜里，有的人冒着严寒露天而卧，等着第二天投票站开门——没有什么比这百年难得的第一次投票更宝贵的了。

**1994 年 3 月，在民主选举之前，
约 4 万名支持者在聆听曼德拉发表讲话**

经过数天的计票，纳尔逊·曼德拉以 75 岁高龄当选为南非首位黑人总统。

1994 年 5 月 10 日，曼德拉宣誓就任南非总统，塔博·姆贝基和德克勒克分别就任第一副总统、第二副总统。来自世界各国

1994 年民主选举首日，选民们热情高涨。尽管需要在长长的投票队伍中等上数小时，投票站依然像过节一样，气氛非常热烈

的 6 000 名代表出席了就职仪式，来宾中包括英国爱丁堡公爵菲利普亲王和巴勒斯坦的领导人阿拉法特。这是自 1963 年约翰·肯尼迪葬礼之后，各国国家元首人数最多的一次相聚。对于南非来说，最激动人心的时刻不是曼德拉宣誓成为总统的那一刻，而是空军的飞机飞过向他致敬的时候。6 架直升机展开南非新国旗飞过会场上空，这表明军方终于屈服于民主了。

在就职演说中，曼德拉将种族隔离制度说成是"人类的灾难"。"我们目睹了我们的国家在残酷的冲突中被撕裂开来……医治创伤的时刻到了……我们美丽的祖国永远、永远不会出现人压迫人的现象了。"

> 我们必须为那一天的到来而奋斗。到那一天，我们南非人作为平等的人，作为一个统一的有着多样性的国家的一部分平等地看待对方，并与对方平等交往。我们都知道人们头脑里的种族歧视有多么顽固，又多么严重平等地腐蚀了我们的灵魂。
>
> ——纳尔逊·曼德拉
> 在联合国大会上的讲话，1994 年 10 月 3 日

在敦促大家宽恕与和解的时候，他用曾是自己敌人的南非白人的所使用的"南非语"说："过去了的，就让它过去吧"（Wat is verby, verby）。

3个月后，暴力活动就成了遥远的记忆。曼德拉领导的政府提出了雄心勃勃的令全体人民享有更大的公平的愿景：重建和发展计划，政府也宣布建立一个真相与和解委员会来调查暗杀小分队，但许多人批评其影响深远的特赦条款。然而，曼德拉坚持认为有了特赦条款才能确保让那些犯罪者坦白认罪，而且通过暗杀者的坦白过程，失去亲人的家庭在了解了真相后才能最终医治他们心灵上的创伤。

有很多黑人家庭搬入了以前只有白人才能住的富裕居民区。黑人企业家在郊区的路边设摊儿卖货，这是以前绝不敢想的。希望终于回到了南非。

在各位来宾面前，在充分认识到自己肩负的崇高使命的时刻，我开始担任为南非共和国服务的总统。我，纳尔逊·罗利赫拉赫拉·曼德拉，在此郑重宣誓：忠于南非共和国；庄严、真诚地承诺，在任何时候都要促进南非进步，同任何损害南非的行为做斗争；服从、遵守、维护和捍卫宪法以及共和国的所有法律；用我全部的力量、智慧、知识和能力履行我的职责，以我的良心，为共和国和全体人民的福祉坚持正义。愿上帝保佑我。

——纳尔逊·曼德拉
就职誓言，1994年5月10日

事情竟是这样，在收获劳动成果的时刻来临之际，不是那些在非国大领导下数十年坚持斗争的千百万人，反倒是我们当中有许多人居然声称，他们才是我下树苗、精心看管自由之树成长的人。

——纳尔逊·曼德拉
1996年1月发表的声明

善意终于胜利了

> 终于,流血停止了。终于,善意取得了胜利。终于,绝大多数人,无论是白人还是黑人,都决心要致力于和平。
>
> ——纳尔逊·曼德拉
> 在美国参众两院联席会议上的演讲,1994 年

南非黑人庆祝 1994 年曼德拉赢得大选

> 曼德拉总统的执政特点是他的人情味以及对弱者的没有丝毫种族歧视观念的关心。他关心一个罹患白血病的白人男孩,一如他关心一个乡下遭到强暴或者其兄弟姐妹遭到杀害的黑人女孩。
>
> ——杰伊·奈都
>
> (前邮政、电信和广播部部长)

1998年,曼德拉总统80岁生日的前一天,乌干达首都坎帕拉的一份主要报纸《监督者报》刊载了一篇颂扬曼德拉的文章,文中写道:"所有已知的荣誉称号都已经授予了曼德拉。"非洲人民喜爱曼德拉给饱受诟病的非洲大陆带来荣誉的方式。非洲人民以前被看作一手端着乞讨的饭碗、一手拿着卡拉什尼科夫冲锋枪的人,这种形象令人民非常沮丧,是曼德拉给非洲人民带来了尊严,所以,非洲人民分享了曼德拉所取得的成功。

《监督者报》接着写道:

> 曼德拉曾表示他将只任一个任期,他没有食言。去年,

美国前总统比尔·克林顿和曼德拉建立起了真诚的友谊

他将非国大的领导权交给了法定继承人塔博·姆贝基;明年,他将如期去职;他现在已经放弃了总统的大部分职权。在南非国内,有些人对曼德拉的领导感到很失望:犯罪现象依然很严重。黑人经济振兴和为数百万种族隔离受害者提供住房的承诺尚未兑现,民众怨声载道,极度失望。但是摧毁种族隔离制度并让所有黑人富裕起来不可能是曼德拉的主要工作——曼德拉的工作表明,南非能够消除政治仇恨、种族歧视,而且为了实现民主,付出任何代价都是值得的。

因此曼德拉发现,他经常需要施以援手,帮助动荡的非洲大陆实现和平和民主。举例来说,1998年8月,当津巴布韦、安哥拉与纳米比亚三国同乌干达和卢旺达两国交战的时候,作为南部非洲发展共同体主席的曼德拉，与时任刚果民主共和国总统洛朗·卡比拉一道，连续数个日夜做工作，力促交战各方实现和平。在斡旋工作结束后的第一个周末，双方虽然宣布停火，但是在动荡了40多年的其他地区又燃起了战火，而这只不过是经常破坏非洲和平和发展希望的诸多冲突中的一次。

100多年前的1882年，土著人国民大会（非国大的前身）创始人之一约翰·杜比牧师写过一段使人浮想联翩的话，他的话现在听起来依然很亲切。他写道："啊！我多么渴望黑暗与忧郁消退的那一天的到来，因为医治创伤的正义的太阳已经在上帝手上升起。那将是非洲人民走向美好未来的曙光。"

1906年，这些话再次回荡在人们的耳旁。后来成为土著人国民大会领导人的皮克斯利·卡伊萨卡·瑟姆写下了《非洲的复兴》一文，文中说：

> 恶魔般的种族歧视、科萨人与芬果人之间的畸形世仇、祖鲁人与聪加人之间存在的敌意、巴苏陀人与其他土著人之间的仇恨，这些都必须被埋葬和忘记；我们已经为此流了足够的血。我们是一个民族。这些分裂、这些嫉恨，是我们苦难的根源，也是我们今日依然落后和愚昧无知的根源。

1999年，塔博·姆贝基成为总统之后，当提到"非洲的复兴"时，他又把皮克斯利·卡伊萨卡·瑟姆发出的号召重复了一遍。但是，像瑟姆一样，他并没有说到做到。在他的总统任期快要结束的时候,他遭到愤怒的非国大解职。据哈佛大学的调查,南非有超过35万人死于艾滋病,因为姆贝基政府拒绝给患者发放有助于延长生命的抗病毒药物。虽然他担任总统期间见证了60年间南非最繁荣的发展时期,然而这并非是由于他领导有方,而是受益于全球经济繁荣。之后到了2008年,就爆发了有史以来最严重的金融危机。

> 真正的和解并不在于仅仅忘记过去,不在于黑人的宽宏大量,不在于一方面黑人理解白人的恐惧和宽容不公平的现状,另一方面白人通过顽强地固守特权的方式来凸显自己的"感恩戴德"。真正的和解,必须建基于一个具有真正民主、没有种族歧视和性别歧视的社会。
>
> ——纳尔逊·曼德拉
> 在非国大会议上的讲话,1997年

曼德拉承认,和解意味着先向自己的敌人伸出手来:尽量理解对方,缓解他们的恐惧,把他们带入自己的朋友圈子里,使他们首先了解必须要完成的最困难的任务——与敌人进行和平谈判。曼德拉常常因踌躇不决而失败,同德克勒克进行谈判时,有时候他很急躁任性,没有表现出政治家的风度,但是正如他经常提醒我们的那样,他是人,而不是神。

从1997年12月起担任了十年非国大主席的特勒·勒克塔回

忆说：

> 曼德拉为我们国家刚刚起步的民主赢得了国际社会最大限度的支持。从超级大国的观点来看，我们需要像美国和英国这样的国家的友谊，但不能不惜代价。曼德拉不仅使南非成为解决冲突的典范而且……使南非有了"国际和平的倡导者"这样一个重要地位。他对刚果民主共和国、印度尼西亚以及爱尔兰和安哥拉等国家国内冲突的调停成了作为调解者所起作用的典范，并且也是对作为和平调停者拥有谈判技巧的南非人的一种承认。
>
> 虽然我们跟南非共产党结盟，但我们并不反对市场经济，我们反而致力于搞市场经济。曼德拉深入南非的商界，对工商业者们产生了巨大影响，用很少有人能做到的方式影响他们支持政府。

曼德拉就像英国的战时首相温斯顿·丘吉尔一样，以适当的才能，在适当的时候，成了一个适当的人。但是说到管理他那人口众多、有时有贪腐现象的"家庭"，曼德拉的成绩不佳，在这方面，他并不是一个称职的"家长"。他没有给予艾滋病足够的重视，直到艾滋病夺去他的儿子马克贾托和其他几个家人的生命。甚至，尽管他并不喜欢姆贝基，也说过当初宁可选择西里尔·拉马弗萨做他的继任者，他还是默许姆贝基在1999年无情地排挤掉其他几位竞选总统职位的潜在的领导人。曼德拉的最大价值——远不止推翻了种族隔离制度——体现在他给予伤痕累累的祖国的爱,他给了他的反对者感到生活在他们以前认为充满敌意的国度中非常安全的理由。

> 温斯顿·丘吉尔(Winston Churchill, 1874—1965)英国著名政治家,也是画家、演说家、作家、记者,1953年因其作品《不需要的战争》获得诺贝尔文学奖。他于1940—1945年及1951—1955年两度任英国首相,被认为是20世纪最重要的政治领袖之一,他带领英国获得第二次世界大战的胜利,被英国人誉为"民族英雄"。据传其为历史上掌握英语单词词汇量(12万多)最多的人之一。

前南非国民党主要议员、后又任自由民主联盟议员的席勒·卡莫勒,这样评价曼德拉:

> 他是我所认识的在议会里普通议员从不用微笑和摆手来讨好拉拢的唯一总统,反倒是曼德拉不时停下来同你亲切地打招呼。他也极力照顾那些护卫他去参加下一个会议的保镖。

她这样回忆她在那晚宣誓就任曼德拉的民族团结政府副部长的仪式上的情形:

> ……行走困难的我母亲也参加了那晚的仪式。宣誓就职仪式结束之后,与会者都被请入另外一个房间,去品鸡尾酒、自助餐和听弦乐四重奏。一直坐在一个角落里的我母亲

不知怎么被人遗忘了，而曼德拉却注意到了这一情形，他走过去，让我母亲搭上他的手臂，陪着她走进餐厅。曼德拉这一举动自然而然就令我母亲成了他的永久仰慕者。

马克·马哈拉吉回忆道：

> 1994年4月前后，我们感受到了曼德拉对包括白人在内的南非人的深切同情和真正关心。因为这一点他还受到了批评，说他在伸出和解之手方面走得太远。孩子们强烈地感受到了曼德拉的谦和与温情。无论他到哪里，孩子们都簇拥在他周围，而他们的父母却对他这样一位身材高大的伟人有些敬畏。他因天下之乐而乐，这就是隐藏在他那宛若灿烂阳光的微笑背后的秘密，这是他凡事必亲力亲为行事风格的一部分。我们感到曼德拉根本不需要什么形象顾问和宣传助理。

曼德拉靠以身作则来领导人民，他一次又一次地强调"维护人民群众的社会公德的重要性"。他说，这种公德必须"成为鼓舞和激励大多数人民的新爱国主义的组成部分"。社会公德必须成为打击违法乱纪、贪污腐化、恐怖主义和无视社会公平正义的有力武器。

> 我们必须继续进行斗争，让《自由宪章》所赋予我们的精神——南非属于生活在这片土地上的每一个人，无论黑人白人，政府只能拥有符合全体人民意愿的权力——更有生命力。但是，我们继续为之奋斗的民族和解不能建立在维护和延续白人享有特权而黑人权利被剥夺的旧秩序基础之上。
>
> 真正的和解并不在于仅仅忘记过去，不在于黑人的宽宏

大量，不在于一方面黑人理解白人的恐惧和宽容不公平的现状，另一方面白人通过顽强地固守特权的方式来凸显自己的"感恩戴德"。真正的和解，必须建基于一个具有真正民主、没有种族歧视和性别歧视的社会。白人同胞面临着严峻的挑战，他们需要充分了解在努力实现民主和解方面自己所起作用的重要性。……复仇不是我们的目标。我们的目标是建设一个因与过去和解而使不同种族和睦相处的新国家。

1997 年 12 月，曼德拉在非国大全国代表大会上发表讲话说：

我们寻求的不只是自由，不只是法律上的平等，而是解放人的能力；不只是权利上和理论上的平等，而是事实上和结果上的平等。我们已经遇到过在转变公共服务方面的严重抵抗，旧秩序的代表千方百计地想要用手中的权力来确保他们依旧处于主导地位。

曼德拉是竭力倡导和解与和平的总统。马哈拉吉回忆说：

迄今我们都还记得这一幕幕场景：1994 年大选预选阶段电视直播的激烈辩论结束时，曼德拉向德克勒克伸出了手；1995 年，在橄榄球世界杯决赛闭幕式上他穿着南非跳羚队 6 号球衣给冠军队颁奖（这成为克林特·伊斯特伍德拍摄的大获成功的电影《成事在人》的题材）；他造访里士满和开普平原区那些笼罩在暴力活动阴影中的社区；他到奥拉尼亚去拜访贝茨·维尔沃尔德（她是曾支持种族隔离政策的著名建筑师亨德里克·维尔沃尔德的遗孀）；他经常不断地把手伸向布特莱齐以求和解；他打（给普通人）的电话和（对平民的）突然造访……

曼德拉下到基层、穿梭式视察各个社区的繁忙日程安排，令许多陪同人员都累得筋疲力尽，但他自己却精力充沛，毫无倦色。1994年大选期间，他的日程安排得很满，年纪轻轻的记者累得叫苦不迭，以致于媒体只得安排自己的记者轮班跟随采访。

但是，当他开始执政的时候，非国大自己与支持者们之间的裂痕却加大了。后来于2011年7月成为雅各布·祖马总统发言人的马哈拉吉回忆说："落在非国大肩头的历史性责任成倍地增加了：维护并振兴作为动员民众和促进社会转型的政治工具的非国大，必须同时带领获得新生的全国人民进行有效转型。通过曼德拉的教导和曼德拉所要求的行动我们不断加深与人民群众的联系。"

> 各个国家再无可能成为自给自足的孤岛之日，就是彼此不再将自己的痛苦强加在对方身上之时。
> ——纳尔逊·曼德拉
> 在美国参众两院联席会议上的演讲，1994年10月6日

勒克塔也有同感：

> 在执政之前，我们仅需要为我们的组织服务，而现在也需要为国家服务。我们将一大批有经验的干部安排到政府中任职，虽然我们本应该留下一些人继续管理非国大。

曼德拉总统自豪地穿上南非跳羚队的 6 号球衣，
给夺得 1995 年橄榄球世界杯冠军的南非队队长
弗朗索瓦·皮奥纳尔颁发奖杯

非国大竭尽全力地保持自己的凝聚力，普通南非人从中获益良多。1994年10月6日，曼德拉在美国参众两院联席会议上发表演讲时说：

> 过去的岁月已经使我有资格同你们讲话，但不是讲迟延的梦想，这是你们的同胞兰斯顿·休斯曾讲过的话题。无法重演的历史能够使我在这个大厅重申被压迫人民所具有的胜利的力量。因为作为几百年来白人少数统治屈从于民主进程结果的代表，我们的人民发出了你们的同胞马丁·路德·金所发出的呼喊："终于自由了！终于自由了！感谢万能的上帝，我们终于自由了！我国的黑人和白人今天终于能够说，我们彼此是兄弟姐妹，我们是一个能从多种族、多肤色人民之间的紧密联系中吸取力量的统一的彩虹之国，我们有资格来赞美人类的同一性。"

兰斯顿·休斯（Langston Hughes，1902—1967），美国著名诗人。在美国文坛，尤其是黑人文学方面，是一个举足轻重的人物。他写过小说、诗歌、戏剧、散文、传记等各种文体的作品，还把西班牙文和法文的诗歌翻译成英文，甚至编辑过其他黑人作家的文选，但他主要以诗歌著称，被誉为"黑人民族的桂冠诗人"。

> 马丁·路德·金（Martin Luther King, Jr., 1929—1968），著名的美国民权运动领袖。1963年8月28日在林肯纪念堂前发表了著名的演讲《我有一个梦想》。1964年度诺贝尔和平奖获得者。1968年4月，马丁·路德·金被白人种族主义者刺杀身亡，时年39岁。

1998年2月在开普敦，曼德拉最后一次在南非议会开幕式上讲话。他在讲话中讲到了南非普通大众获得的收益以及他们是怎样被动员起来进行自我解放的。他具体列举了所取得的成就：

> 去年，政府增加了纯净而充足的饮用水的供应，受益民众达70万～130万人。我们超额完成了建设或改造升级500所医院的计划。小学生免费午餐计划惠及490万名儿童。今年，我们将建设42万个通讯基站。1997年，我们建设了40万个变电台，也就是说，南非的电气化水平已达58%。土地使用权方面的法律将使超过600万公民的生活得到保障。我们正在进行艰苦卓绝、任重道远的斗争，以便让人民过上更美好的生活。在这样的斗争过程中，我们将会有成功，也不免会有挫折。但我们将会一步一步地向我们的目标迈进。为根治腐败所采取的措施已经使政府机构中的许多骗子劣迹败露。说得好听一点，有些公务员并不具备公共服务精神。在某些事例上，虽然资金充足，但是他们要么不按时去办，要么在同老人讲话时态度极其恶劣。

曼德拉内阁的主要部长之一杰伊·奈都说：

> 当时我们不得不在一个原本只为少数群体服务的政府框架下工作。政策、司法及其机构、预算、行政部门、服务机制等诸多方面的改革，都属政府管辖。该怎样提供一种创新和创造性方式让旧的传统执政方式发生革命性变化呢？我们当时必须转变提供公共服务的方式——公民就是我们的主要服务对象，我们必须改革文化体系和价值体系。你一定不能低估这种过渡。这需要有胆识，也会有风险。很显然，曼德拉的个人魅力至关重要，但是最为基础的是，我们做出了一系列的妥协。我们改变了政策、战略和服务体系。我们还（试图）使公共服务更具活力以及改变领导方式。我们必须提高文化修养，以便使公务员们懂得，他们的职责是为人民服务。这方面我们嘴上说得太多而行动上做得太少。

曼德拉在促进实现社会正义、人人享有平等机会等方面所取得的进步，是其继任者不可比肩的。他认为，政府应该创造尽可能多的就业机会，而且，工会应该给予那些找工作的人更多补贴和更多保护。失业问题之所以严重，是因为复杂的劳工法不允许雇主雇用更多的工人。不过，医疗卫生服务体系虽然开始出现问题，但依然比许多发达国家的要好，而且还是免费的。这在某些发达国家，比如美国，都没有做到。南非的技术明显比许多发达国家要好。移动电话方面比美国更加可靠，公路状况往往也维护得更好。但是，曼德拉的继任者们未能做到执政为民，这引发了持续不断的对政府提供的基本公共服务不到位的不满（比如校园不安全、民众住危房、公厕街道没人打扫等问题）的抗议活动。

奈都接着说：

> 这不是看法问题，而是策略问题。曼德拉一直是国家平稳过渡的精神支柱。他所处的地位、他非凡的领导力、他的热情、他的谦卑以及他所做出的无怨无悔的牺牲，不仅让我们，而且还让外来白人和南非白人，获得了极其重要的安全感。
>
> 当我们遭到我们自己阵营内激进派的批评，说我们的和解走得太远的时候，曼德拉就说："我们进行和解付出了什么代价？满足少数白人的需求要政府花钱了吗？最重要的预算资金都用在了消除健康、教育和电话方面的发展差距上了吗？"民众对此无话可说。曼德拉的领导能力极为突出，尽管他并不总是正确的。
>
> 南非历史上最激动人心的阶段之一，是我们进行民族解放斗争的50年，而其中最甚者是我们实行民主的头五年。人民群众欢欣鼓舞，积极投身于新时期的重建工作。

1994年10月6日，曼德拉在美国参众两院联席会议发表演讲时，证实了即将到来的新世纪的挑战。他说，当我们一再目睹自由所带来的现实变化的时候，我们与艾略特一起看到，我们仍然：

在黎明来临前无法确知的时刻

漫漫长夜行将结束

永无终止又到了终点

……………

再没有别的声息，只有枯叶像白铁皮一般

嘎嘎作响地扫过沥青路面①

"枯叶像白铁皮一般嘎嘎作响"象征了贫困的回声：

> 困扰我们社会的普遍贫困现象；数百万的人生活绝望；胎儿生就残疾、生就贫困、生就夭亡；数百万的文盲生活在黑暗中；饥饿、贫困和野蛮扭曲了许多人的灵魂，使得许许多多人成为他们强奸、抢劫和其他暴力犯罪的潜在对象……新的时代必将提出新的要求：民主必须意味着生活富裕。

当我们了解了全球其他地方的生活画面的时候，国内外的贫富差距以及各个大陆内外的贫富差距将成为推动贫困者要求当政者们让他们过上富裕生活的动力，无论他们居在何处。

各个国家再无可能成为自给自足的孤岛之日，就是彼此不再将自己的痛苦强加在对方身上之时。

---

① 此诗为艾略特1943年发表的《四个四重奏》（*Four Quarters*）的一部分。——译者注

艾略特（Thomas Stearns Eliot，1888—1965），美国/英国著名诗人、评论家、剧作家，其作品对20世纪乃至今日的文学史影响极为深远。1948年，艾略特获得诺贝尔文学奖。

曼德拉在苏黎世欢庆南非赢得2010年足球世界杯的举办权

彩虹之国失去了无价之宝

　　共和国总统当促进国家的统一,并促进能够使国家得到发展的一切事务。

　　　　　　　　　　　——《南非共和国宪法》

美国第一夫人米歇尔·奥巴马到曼德拉位于约翰内斯堡的霍顿的家里拜访曼德拉

在其任内，曼德拉就意识到国民普遍担忧"曼德拉百年之后将会发生什么"，他意识到了这种担忧对经济潜在的负面影响。五年任期刚过完一半的时候，曼德拉就开始把政府的一些日常工作交给他的副手塔博·姆贝基去做。

1997年12月，在非国大的会议上，曼德拉甚至发表了一篇由姆贝基起草的引起广泛争议的讲话。他在讲话中对媒体、抵制改革的白人以及国际捐赠者们未能兑现诺言的行为进行了严厉批评。结果这篇讲话遭到猛烈抨击。曼德拉为什么要宣读这样一篇他本知道会饱受非议的讲话呢？一名非国大的高级官员说：

> 曼德拉对这篇讲话并不满意，尽管他赞同里面的部分内容。但他也知道，如果姆贝基发表这样一篇讲话，他和国家将会受到严重损害。但由于曼德拉的崇高地位，这一讲话便可被接受，虽然曼德拉总统的领导能力遭到了最严厉的批评，但这并不会严重影响经济的发展。

这一观点并无实际意义。还有人认为，曼德拉觉得这更有利于姆贝基从错误中汲取教训：与其让一位新总统来承担因考虑不周的讲话而犯的错误，不如由曼德拉来承担。如果是这样，那这就是傲慢而不明智的一步棋，正如姆贝基后来的行为所显示的那样，这不是他要汲取的教训。

姆贝基的观念遵从了奥利弗·坦博深思熟虑的战略思想。坦博自己虽有一个儿子达利，但他却将在流亡中的年轻的姆贝基招至自己麾下进行培养（达利至少要比姆贝基小 10 岁，而且自始至终就对政治不感兴趣），并非所有人对他的这一举动都能接受。1989 年 10 月 27 日，非国大全国执委会会议在卢萨卡举行。会议纪要中记录了情报机构政委乔·恩赫兰赫拉的发言："我为媒体反复报道姆贝基的问题感到忧虑。我们可以认为那都是无稽之谈，但是民众的确向我们提出了这些问题……"

因此，虽然在姆贝基当选为总统几成定局时，还是有些人——如西里尔·拉马弗萨、马克·马哈拉吉、托吉欧·塞克斯威尔等——表现出对总统职位的兴趣，并且他们的支持者们试图鼓动他们参选，面对这种情况，姆贝基粗暴地将一切反对他当选的观点都打上"多余的阴谋家"的烙印。此时，曼德拉将拉马弗萨和姆贝基两位人选提交给了非国大的三位高级领导人——沃尔特·西苏鲁、托马斯·恩科比和雅各布·祖马。在曼德拉表示出了对时任工会领袖、现在是一名商人的拉马弗萨的偏好之后，他们还是一致认为"应该选姆贝基"。虽然西里尔·拉马弗萨是国家真正需要的人才，但最后还是非国大的流亡政治学胜利了。

曼德拉也同非国大的那些资深盟友（南非工会大会和南非共产党的领导人）进行了磋商。在同工会领导人约翰·冈诺莫、姆巴哈齐马·施洛瓦和南非共产党领导人乔·斯洛沃和查尔斯·恩恰库拉的磋商中，只有斯洛沃一人反对姆贝基。

戈文·姆贝基的态度反倒是奇怪而含糊。作为曼德拉最亲密的老朋友之一，也是最有可能同曼德拉争论的朋友，戈文被人问到他儿子塔博·姆贝基与曼德拉的总统领导风格有什么不同。"两人的不同嘛"，他迟疑了一下说，"是曼德拉个儿高，塔博个儿矮。"事后看来，他那番表露心迹的话根本不是评论两人的身材，而是评说两人谁有远见卓识和领导能力。对于当时的评论家来说，那句话听上去简直就是不知所云，但是对于跟自己长子关系紧张的戈文来讲，这一评论绝不是轻易而草率的。

> 到退休的时候，纳尔逊·曼德拉将成为南非的国父。他会继续扮演调停南非内部、非洲大陆乃至国际冲突的角色。
> ——因德雷斯·奈都（非国大议会前议员）

曼德拉用里沃尼亚叛国案受审者似的语气说："我认为他是一个极具智慧、不会做任何愚蠢之事的年轻人。"然而，在塔博·姆贝基的第二任期行将结束之时，南非人民和非国大内部普遍对他不满。2007年12月16日，在波罗克瓦尼举行的非国大会议上，他遭到与会者连续的、毁灭性的讥讽和嘲弄，这导致了他后来的失败。在南非历史上，还不曾有高官公开遭到如此羞辱。

于 2001 年 8 月去世的老姆贝基在一次长谈中对我坦言，他一点都不了解自己的儿子。他说："他被迫流亡海外的时候才 19 岁，而那时我则被投入了监狱。"的确，也许是塔博流亡海外后不久在联合国发表的慷慨激昂的讲话，使得当时实行种族隔离政策的南非政府打消了将戈文、曼德拉和其他里沃尼亚叛国案受审者处以死刑的念头。

然而，在 1999 年 6 月塔博当选为总统后第一次对议会发表讲话时，戈文高兴得难以自制，戈尔的妻子，也就是塔博的母亲伊潘内特坐在他的左侧，身穿一袭黑裙，表情严肃。塔博的妻子扎内勒则身着桃红色套装，独自坐在座位上，旁边的几个座位空空如也。

塔博在讲话之前和讲话期间翻阅讲稿的时候，曾几次抬起头来看自己的父母，他的样子几乎就像一个不自信的学童看自己的父母一样。戈文激动得几乎要跳了起来，伊潘内特和扎内勒则淡定得多。塔博讲话的时候偶尔看他们一眼，伊潘内特依旧是神秘莫测的样子，而戈文则又是鼓掌，又是激动地挥手。这一短暂插曲清楚地表明，塔博当年就是为当总统而被培养的，也说明了他从母亲身上学到了冷静。父亲身陷囹圄之后，母亲一人在家将他抚养大。

跟姆贝基关系最亲近的家庭成员的这种冷漠也预示了作为总统的姆贝基将如同孤家寡人一样遭到他领导下的人民的轻蔑，而且显然无法被人同情。但是在许多其他方面，姆贝基又很幸运：

他的家庭属于知识精英阶层，而他本人是在迈克尔·穆恩丹尼的家中度过了青少年时期，并因之获得了无尽的关爱和成长的机会。作为年轻人，姆贝基的外交才能也使他很快就在流亡的非国大组织内获得了很高的地位。

尽管姆贝基缺乏坦博那样的冷静和智慧，也没有曼德拉那样的慈祥和喜相，他还是利用公布南非宪法的仪式表露了自己坚毅外表背后的激情。1996年5月8日，在开普敦议会的小型立宪会议闷热的会议室内，他的一番讲话令在场的人无不为之动容：

我是一个非洲人。

我的生命属于我们祖国大地上的山川河流、花草树木、荒原大漠、湖泊海洋，属于千变万化的春夏秋冬。

霜重雪寒冻我身，风和日丽暖我心。我的一切属于科伊人，属于桑人①，他们的孤寂灵魂游荡在开普省美丽的广袤大地上——是我们家园所经历过的最残酷的种族大屠杀的受害者；他们在捍卫自由的斗争中最先牺牲了生命……

我是由那些从欧洲到我们的祖国寻找新家园的移民造就的。无论他们有过什么行为，他们依旧是我的一部分……这一切我都知道，而且知道这一切都是事实，因为我是一个非洲人！

接着，姆贝基讲话的声音随着内容抑扬顿挫起来，他说：

---

① 科伊人和桑人是南非历史最悠久的土著人。——译者注

我们是一个决不允许对屠杀、酷刑、囚禁、流放或迫害的恐惧导致非正义存在的民族……

我们的新宪法做出了明确的声明：我们拒绝接受按照种族、肤色、性别或历史渊源来定义南非人的做法；南非属于所有生活在这块土地上的人，不分黑人、白人……新宪法谋求建立一种人人免于恐惧的环境。

我们的国家为我们民族的多样性而高兴，她为我们所有自愿将我们看成一个民族的人创造空间……无论我们现在遇到了什么挫折，都不能阻挡我们！无论有多么大的困难，非洲终将实现和平！无论这让怀疑论者听上去多么不可能，非洲必将繁荣起来！

姆贝基讲起话来优美得如吟诗一般，令曼德拉单调的演讲无法与之媲美。但是当曼德拉言行一致、满眼笑意的时候，有人说姆贝基诗一般的言辞里缺乏情感。他的讲话辞藻华丽，振奋人心，但是缺乏实施的意愿。

曼德拉专注于在人民群众中进行和平革命，这赢得了世界人民的敬仰。姆贝基认为，通过推动非洲的崛起和发展，南非才能拓展自己的市场。建立非洲共同体的想法不错，但恐难真正实现，因为非洲大陆缺乏共享空域，铁路基础设施破败不堪，公路养护不良，更不要说战争频发，冲突不断。姆贝基当政期间，黑人精英阶层不仅扩大，而且根基扎牢，并且工资差距扩大，失业人数增加，贫困化加剧。

姆贝基在艾滋病病毒和艾滋病问题上的立场更是饱受非议——他质疑艾滋病病毒导致了艾滋病因而招致人们公开大唱反调。他在任时，南非是世界上艾滋病患者最多的国家。2002年，南非有60万人死于艾滋病。2003年法院做出裁决，要求一直拒绝采取措施的姆贝基延长对感染艾滋病病毒的患者的药物治疗期，但这对许多患者来说为时已晚。联合国艾滋病联合规划署估计，仅在2009年一年南非就有31万人被艾滋病夺去生命——几乎每天850人。

医药公司牟取暴利的行为和姆贝基总统拒绝给艾滋病患者提供治疗的政策令南非的艾滋病患者非常愤怒

但是公平而论，曼德拉担任总统时在艾滋病问题上也无甚作为。直到2000年，曼德拉才真切地感受到了艾滋病对他的危害：

他的亲人中有人感染了艾滋病病毒①。此外，他在讲话中谈到他接见过的几位曾获得奖学金的大学生感染了艾滋病毒——只有在他为这种抗逆转录病毒的肆虐而付出代价时，他的立场才发生显著变化。

曼德拉和姆贝基在艾滋病病毒和艾滋病问题上公开相互指责。非国大支持姆贝基，批评曼德拉公开呼吁对患者进行抗逆转录病毒治疗的做法。对此曼德拉不予理睬。2002年，他与美国前总统比尔·克林顿及其他国家领导人一起出席巴塞罗那世界艾滋病防治大会，呼吁各国元首和政府紧急行动起来，同这种致命疾病做斗争。

但是在人们眼里，姆贝基的确是一个不容小觑之人。据说在同议员们谈话时，他会辱骂、严惩敢于质疑他的人。

2002年，《星期日泰晤士报》记者卡罗尔·佩顿和蒙德利·马卡尼亚在新闻报道中这样描述姆贝基领导的南非政府："政策协调与实施受到他的办事班子的严格控制，（各部）负责人行事都要向总统办公室主任弗兰克·奇卡尼牧师报告……"姆贝基在议会中的讲话，无论是核心思想还是措辞，在每个场合都得到了非国大议员和部长们的随声附和，这反过来也表明，非国大出现

---

① 据媒体报道，2002年，曼德拉在可持续发展首脑会议开幕前夕，对《星期日泰晤士报》首次披露，他的一位22岁的侄女和另外两位侄孙被艾滋病夺去了生命。另据报道，曼德拉于2005年1月6日宣布，他的儿子马克贾托·曼德拉当天在约翰内斯堡一家医院死于艾滋病，终年54岁。——译者注

了令人不安的党员对总统趋炎附势的苗头。

中央政府的过度控制使得曼德拉任总统时的活力与创新荡然无存，工作中循规蹈矩之风日渐盛行，而自主创新则日渐式微。

非国大将姆贝基解职之后，在波罗克瓦尼精心策划倒姆贝基运动的雅各布·祖马如愿当选为总统。人们对他的当选也颇有争议：他是一个一夫多妻主义者，共育有 22 名子女，有些是跟妻子所生，也有些是跟女友所生。2005 年，他在涉嫌强奸族内一名艾滋病病毒呈阳性的年轻女孩的案件中被判无罪。2009 年，国家检察机关因"政治压力"撤销了对他的腐败指控，该项指控涉及 1999 年数百万南非兰特的武器交易案。

祖马总统的两届任期也被严重的腐败、敲诈勒索和高官谋杀案所困扰，包括连续针对两名警察高官的指控案件。例如，亿万富翁布雷特·凯博遭黑手党歹徒枪击身亡，凶犯与时任警察总监杰基·塞莱比关系密切，后者因贪污腐败、收受毒贩贿赂被判有罪。接着在 2011 年 7 月，公诉人①图莉·玛顿塞拉因 5 个月前宣布警察总部 500 万南非兰特的租约非法而受到逮捕的威胁。她说南非警察总监贝基·塞莱是对此负有责任的人之一，塞莱后来被祖马总统停职。她也批评过公共工程部部长格温·马赫兰古-恩卡宾德，说他不听从法律顾问的阻止，批准了这一非法交易。

2011 年 10 月，祖马将马赫兰古-恩卡宾德与联合执政和传统

---

① 这里的公诉人原文是 public protector。——译者注

事务部部长赛斯洛·希塞卡解职,后者也是遭到腐败指控的焦点。

祖马的治下管理混乱,派系活动严重。南非自由州大学教授克旺迪韦·孔德罗认为,政治任命受到部族的影响,这是非洲危险的信号。曼德拉曾经领导过的非国大青年联盟对孔德罗的言论愤怒不已而不断挑事。其领导人朱利叶斯·马勒马的语言常常充满种族主义意味,他还威胁说要将私人公司收归国有。后来马勒马被裁决对一名强奸案幸存者犯有性别歧视罪,另一法庭指控他犯有引述种族主义言论罪。在他侮辱博茨瓦纳的事件发生后,非国大最终将其送上纪律训诫庭,但是所有这些行动都没能阻止马勒马。私下里,曼德拉十分痛苦,但是他的话已经没有多少分量了。在公开场合他对此缄默不语,倒是愤怒的大主教德斯蒙德·图图成了"南非的良知"。

谢谢你,父亲

无论我有什么愿望,我都难以做到让后人用如我所愿的方式记住我。在我身陷囹圄时,我就担忧(我可以获得)一个总是百分之百正确、绝不会做错任何事情的形象。人们对我的期望远非我能力所及。

——纳尔逊·曼德拉

2008年，在伦敦海德公园，曼德拉在为他举行的音乐会上讲话

如果你确立了人生目标，那么你就要集中精力去做，不要与你的敌人纠缠（在一起）。你必须创造一种你能带领大家向你确定的目标前进的氛围。

——纳尔逊·曼德拉

曼德拉卸任之后，一心一意地为这些事务而奔忙：非洲中部的和平问题、艾滋病问题等。他数十次会见世界上那些才俊名媛，争取他们对他所建立的儿童基金会（和他的家庭）的支持。但是牢狱生涯教会了他要花时间进行思考，使他懂得了适时隐退的价值。他获释后日常生活的许多方面反映了他在狱中的情形。他依旧每天四点半起床，运动一个小时（直到年高疾重行动不便才终止），然后在六点半一边看报纸一边吃饭，早餐依旧是简单的麦片粥外加水果和牛奶。饭后，他就开始了一天的安排得满满当当的工作，而且常常长达 12 个小时。随着年事渐高，他与家人在一起的时间多了起来。

曼德拉特别喜欢歌星迈克尔·杰克逊。杰克逊曾向曼德拉儿童基金会慷慨捐款

曼德拉最喜欢做的事情莫过于给孙辈、曾孙辈简述自己的童年生活和儿时学到的东西。其中就有他作为政治领导人时采用的策略："当你想把一群牛赶往某一个方向的时候，你应该手持木棒站在它们身后，于是就有几头积极的牛在前边领头，其余的就会跟上。"一个领导人做事就该这样。

他努力给孩子们讲解他 1975 年在罗本岛监狱写给温妮的信中所说的话的含义："诚实、真诚、朴素、谦卑、慷慨大方、远离虚荣、乐于助人——这些人人易得的优良的品质——是人们精神生活的基础。"他时常教导家人，把人往好里想，他们往往就会往好里做，不然就相反。而且，当南非的政治统治开始让民众失望的时候，他对人心之善的信仰就更加令人钦佩。

他就形势做出了这样的判断："新的环境诱发了人们的利己主义思想和对财富的贪求。在沃尔特·西苏鲁缔造和领导的组织内绝不容许有贪污腐败、投机思想和自私自利的一席之地。"曼德拉的有关贫困化日益加剧和疾病蔓延的警告常常无人重视。但是，他觉得自己很难再直截了当地批评他为之做出巨大牺牲的非国大了。

曼德拉常常强调自己非常崇尚集体决策原则的价值——这是托马斯·杰斐逊和亚伯拉罕·林肯十分重视的民治政府的思想——但是集体未必总是明智的。况且，他已经不再是团队的领导，他并不指望自己的批评意见能起多大作用——也许只能给公民带来些许希望，但已无力改变日渐不容异见的非国大的政策了。

　　非洲大陆上各国当政者不能容忍人民的意愿，这是令曼德拉十分困惑的一种挑战。他意欲在退职之后担当起全球和平使者的角色，所以在退休不久后的2000年，也是前调停人、坦桑尼亚总统朱利叶斯·尼雷尔去世之后，曼德拉充当起了布隆迪和平进程的首席调停人的角色，之前布隆迪因部落冲突爆发了毁灭性的内战和种族大屠杀的暴行。在2003年5月，曼德拉见证了图西族领导人皮埃尔·布约亚将权力移交给胡图族领导人多米蒂昂·恩达伊泽耶的仪式。和平来之不易，这一点曼德拉已再三证实。

　　同一年，曼德拉对伊朗、叙利亚、约旦、以色列、巴勒斯坦的加沙地带和美国进行了一次穿梭式访问，同各方进行谈判，以图在中东地区实现全面和平。尽管他说同以色列总理埃胡德·巴拉克和总统艾泽尔·魏茨曼的会谈是"积极的和热诚的"，但是他们还是拒绝了他的调停。

　　尽管如此，他还是为调停东帝汶冲突所取得的积极成果而感到欢欣鼓舞。此外，还有要求利比亚交出制造1988年泛美航空洛克比空难疑凶之事——这也是曼德拉与沙特阿拉伯一起调停七年取得的结果。

　　后来，2002年12月，美国总统乔治·W. 布什授予曼德拉总统自由勋章（美国平民最高奖）。但在几个星期之后，曼德拉就因小布什对伊拉克发出威胁而对其进行了痛斥（数星期之后美英两国就入侵了伊拉克）。曼德拉指责小布什觊觎伊拉克的石油，他把英国首相托尼·布莱尔称作"美国的外交部部长"。曼德拉高估了自己的影响力，2003年7月，小布什访问南非时，两人都拒绝与对方见面。

虽说曼德拉这位知名人士在工作中善于处理人际关系乃至在世界舞台上的调停工作卓有成效，但是他与家人之间的关系却非常复杂难解。

整体上，曼德拉的家人生活奢华，但是很少有人像温妮和津齐那样阔气——2003年她们两人开始倒霉。5月，约翰内斯堡高等法院裁定津齐偿付一家银行400多万南非兰特，这笔钱是5年前津齐从银行贷出用于美国知名黑人流行音乐组合"Boyz II Men"南非之行的费用。

同月，比勒陀利亚高级法院判决温妮和她的经济顾问有罪，罪名是"虚构非国大成员的名字，以欺诈手段获得超过12万美元的贷款"。她被判处5年徒刑，缓期1年执行，温妮随后提出了上诉。

尽管曼德拉很悲伤，但是他仍远离了这些纷争。5月5日早晨，曼德拉被他的私人助理泽尔达·拉·格朗叫醒之后，获悉了他最亲密的朋友和同志沃尔特·西苏鲁去世的噩耗。那段时间曼德拉一直住在一个舒适的狩猎农场，撰写回忆录《漫漫自由路》的续篇。他立即穿好衣服回到约翰内斯堡，去慰问沃尔特的遗孀阿尔贝蒂娜。身体虚弱的曼德拉由人搀扶，走进西苏鲁简陋的家。曼德拉握着刚刚失去丈夫的阿尔贝蒂娜的手说："科萨迈拉不在了，愿他在天国永生！我的一部分去了。"

曼德拉出席已故的沃尔特·西苏鲁的悼念仪式

曼德拉花了两天时间跟顾问们一起讨论西苏鲁的悼词。他对南非新闻协会发表了一份媒体声明：

> 在过去的62年中，我们两人的生活交织在一起。我们一起献身于共同的革命事业。我们肩并肩一路走来，抚平彼此的创伤，前进的步伐有些蹒跚时我们互相搀扶。我们一起品尝自由的滋味。
>
> 从一定意义上说，我感到我被沃尔特欺骗了。如果这个世界之外还能存在另外一个世界的话，我愿意先到那里，去迎接他的到来。我现在知道，到我死的时候，沃尔特将会在那里迎接我。我几乎可以肯定，他会手持一张表格，要我登记参加那个世界的非国大，用当年我们动员民众支持《自由宪章》时高唱我们最喜爱的歌曲来引诱我：
>
> "你报名参加
>
> 争取自由的斗争了吗？
>
> 请允许我们
>
> 登记上你的名字。"
>
> 我将会永远怀念他的友谊和他的忠告，直到我与他九泉相见。请走好，安息吧！科萨迈拉，真正的英雄。

在葬礼上，当数千人高呼他的名字的时候，曼德拉微笑着冲他们挥手致意。他的意图非常清楚：我们来到这里，不是来哀悼一个人的去世，而是来赞美一个人伟大的人生。"在过去几年中我们频繁地走过这条路,"他说,"向我们解放运动的老战士告别,在一代人结束长期英勇斗争的时候向我们民族倒下的长矛致以最后的敬意。我们这些被筛选出来要活得更加长久的人,只得承受目睹战友们接连离去的痛苦。"

过了一段时间,当曼德拉的悲伤情绪和缓了一些时,他在一个广播节目中坦白说,当他第一次来到约翰内斯堡时有人警告过他:"别跟沃尔特·西苏鲁掺和在一起,否则,你的余生将在监狱里度过。""当然,"曼德拉说,"我没有理会这一警告。"

2011年阿尔贝蒂娜以92岁高龄与世长辞的时候,已近93岁的曼德拉虽然写了悼词,但是已经不能出席她的葬礼了。多年来腿脚的伤病本就使他行走困难、疼痛难忍,他现在显然已经无力亲往,而由他的妻子格拉萨代他宣读了一份声明。对于在西苏鲁当年婚礼上担任伴郎的曼德拉来说,她的去世尤其令人难以承受。他把她称为"最伟大的南非人之一"。沃尔特身陷囹圄26年,是阿尔贝蒂娜把全家人团结在一起,她作为母亲的力量在孩子们经历痛苦时体现出来,而她所有的子女都成绩卓著、地位显赫。

曼德拉写的致阿尔贝蒂娜的悼词比写给西苏鲁的悼词更加悲伤。深知自己时日不多的曼德拉写道:

> 我的一个又一个的朋友和战友已经被岁月夺去了的生命。他们每一个人的去世都好像使我失去了我的一部分,而

最令我感到痛苦的是亲爱的朋友，我最亲爱的姐妹——你的去世。

阿尔贝蒂娜的去世让曼德拉思考了很多，当沃尔特·西苏鲁走出牢狱、渐渐融入他的充满爱的大家庭的时候，曼德拉却有点孤单寂寞，他所渴求的就是像西苏鲁所享受的那种婚姻。沃尔特和阿尔贝蒂娜恩爱无比。在一次接受电视采访中，他们似乎忘记了还有电视记者在场。阿尔贝蒂娜停下、注视着沃尔特。"你想吻我，对吗？"她对他说。她80多岁的爱人，洋溢着爱的微笑，答道："对，我想吻你。"于是就久久相吻。

虽然曼德拉与格拉萨的婚姻很幸福，但是繁忙的公务使他无暇顾及他所珍视的家庭生活。作为一个人们所崇拜的偶像，他出狱后的生活从不属于他自己。虽然他尽量分割出自己的私人空间，但是很难，因为总有人说他们的事情"很特别"，需要曼德拉处理。

曼德拉很伤心，因为他寄予厚望的民主蒙上了阴影。在实行民主后的几年时间里，南非所取得的令人欢欣鼓舞的进步变得黯淡无光，其社会不公平程度甚至超过了种族隔离时期。

民主选举之前，圣职人员和妇女经常援引《圣经·以赛亚书》中"铸剑为犁"的箴言。但随着岁月进入21世纪，更多的政治人物被揭露出有贪腐行为之时，《以赛亚书》中另一条箴言又被人们援引出来：

> 你的官长居心悖逆,
>
> 与盗贼做伴,
>
> 各都喜爱贿赂,
>
> 追求脏私。
>
> 他们不为孤儿申冤,
>
> 寡妇的案件也不得呈到他们面前。

> **最难的事情不是改变社会,而是改变自己。**
>
> ——纳尔逊·曼德拉

2011年7月,影响力颇大、拥有200万成员的南非工会大会领导人兹韦林奇马·瓦维谴责那些"强大、腐败、掠夺成性的"实权人物在日常工作中表现出了保守的民粹主义,并利用非国大疯狂地为自己谋取利益,瓦维的意思是说国家的政治方向出现偏差,已经失控。

他对愈演愈烈的贫困化和高失业率提出批评。在3年的时间里100万人失去了工作——官方公布的失业率为26%,但非官方的数字比这至少要高上1倍。街道上的宝马车和奔驰车却很显眼,随处可见。而且,犯罪现象十分严重:平均每天发生49起谋杀案(3年之前的情况比这要好些),每26秒钟发生一起强奸案……

恐怕所有这些都不会让写作《论美国的民主》的著名评论家托克维尔吃惊,200多年前他就说过:

> 所有的革命运动都使人们的野心膨胀……在获得胜利的喜悦迸发后，没有什么事情人们做不到：他们不仅贪得无厌，而且欲壑难填……此外人们一定不会忘记，摧毁贵族统治的人都是在其法律制度下生活的。他们见证了它的辉煌，而且已经在不知不觉中接受了它原有的情感和观念。因此在贵族统治被摧毁的时刻，其精神实质依旧在平民百姓中盛行，在其被打败之后其自然倾向依然会长期保留……不稳定感依旧……欲望仍旧极度膨胀，而满足它们的手段日渐减少。

或许，许多为获得解放而奋斗的人感受到的背叛是不合时宜的，因为数十年受到的伤害不可能仅用20年就完全抚平，但是出现的问题依然令他们痛心疾首。面对愈演愈烈的社会痼疾，日渐衰老的曼德拉已经身心无力，无暇顾及了，并且最终选择了沉默。

或许，人们不妨设想一下，曼德拉百年之后的墓志铭可能是这样写的：

> 我，因别人的认可而存在。我从最伟大的智者和最谦卑的人那里学到了我所知道的所有知识，他们都是我的老师。我曾热烈地爱过，也曾深深地受过伤害，这让我学会了耐心、宽容、同情和感恩。
>
> 我的尊严曾受到诋毁，我因此学会了昂首挺胸、豪情满

怀地走路，因为尊严体现在人的精神上。我弯下腰去倾听孩子们跟我耳语，听到了真知灼见。我用真心而不是用自我倾听我的敌人的讲话，我从中学会了怎样利用他们的恐惧树立消除仇恨的信心，带领我的人民和别的国家的人民走向自由。

我知道，获得自由并不意味着获得解放，也不是无聊地打发时间。真正的自由是捍卫解放成果并不断实现其自我发展的永恒责任。

因此，我们可以对曼德拉说：

多保重，曼德拉！谢谢你，我们的父亲。

永久的和平

为了自由、力量、诗歌和成就,一个新成立的国家不会允许她的人民停滞不前,哪怕是一代或是半代的时间……这个国家的建筑师铸造了基石,并将其传递到了更远的时空。他们所铸造的基石虽然为现在新的建筑师减少了部分阻碍,但这种阻碍仍然十分巨大。因此,每一个时代都需要建筑师……当然,这些人要将它以更新更自由的方式铸造。

——沃尔特·惠特曼

致拉尔夫·瓦尔多·爱默生的一封信,1856 年

送葬的人民和媒体人员聚集到前总统纳尔逊·曼德拉在约翰内斯堡霍顿市的住所，向他表达敬意。2013年12月5日，曼德拉在家中逝世，享年95岁

曼德拉的85岁生日过得很愉快,但是在接下来的十年中,衰老开始一点一点压倒这位伟人。他迈出的每一个痛苦的步伐、每一个颤抖的起身、每一个无法厘清的思绪都在提醒着他:自己正在老去。他再也不能像他在囹圄岁月里所做的那样,每天早上4点醒来后开始锻炼。曼德拉让他的工作人员少安排活动,并尽量安排在离他在南非约翰内斯堡、库努,以及莫桑比克住所近的地方。

曼德拉开始挣扎着应对那些觊觎他丰厚遗产的居心叵测之人。2007年,他的律师禁止将他的照片应用于商业用途。曼德拉不愿自己成为政治上的棋子,或成为动漫中的形象,也不愿自己的观点被遗忘,抑或他人以他的名义获利。但随着曼德拉的记忆力开始衰退,其家族的某些成员找到了以他的名义或以他"马迪巴"家族之名牟利的方法:他们将他的名字加在服装、红酒标签或艺术品上,甚至是电视真人秀中。曼德拉出狱后,将在奥兰多的房子捐给了索维托的人民。但伟人的第二任妻子温妮却拒绝将房子交给当局,而将之改成私立的博物馆。

曼德拉的遗嘱立于 2004 年,公布于 2014 年 2 月,另外还有另一份附录执行于 2008 年。从他的遗嘱中可以看出他很痛苦地知道是哪些人在滥用他的信任;即使在他临终时守候床畔的温妮,也没有得到任何遗产。遗嘱公布的曼德拉的遗产大约有 4 600 万南非兰特。在逝世的前一年,曼德拉给了 3 个女儿 300 万~330 万南非兰特,而且好像事先知道她们最终一定会为遗产而争执似的,曼德拉在遗嘱中保证在他过世后她们不会再拿到任何遗产。此外,曼德拉众多孙辈都拿到了 10 万~330 万南非兰特不等的遗产,而其中有些人已经提前拿到了。

曼德拉的第三任妻子格拉萨继承了他在莫桑比克的 4 处联名房产。另外她也继承了珠宝、车辆、在银行和金融机构中以她名字注册的账户的存款。她和前夫莫桑比克前总统萨莫拉·马歇尔的 2 个孩子与她的继子女一样,每人都获得了 10 万南非兰特。

曼德拉留给他的 9 位工作人员每人 5 万南非兰特。他在南非的 4 处住所,连同其著书和其他项目获得的版税,都委托给了家庭信托。

公布遗嘱时,曼德拉的律师之一、与其相交 65 年的老友乔治·毕索斯泪流满面,说曼德拉的资产跟非洲其他臭名昭著的统治者相比少得可怜,但他一点也不为此而感到吃惊。"曼德拉先生说过:'如果你想让我高兴,就建一所学校,要是你富有的话,就建一所学校和诊所吧。'这让曼德拉先生与南非或者世界上其他以权谋私的人截然不同……这份遗嘱是他一辈子愿望的总结，所以这里不会有任何的出乎意料之处。"《卫报》如此报道。

分裂的家庭

没有几位曼德拉的家人会像他一样俭朴，反而十分贪婪。曼德拉与第一任妻子伊芙琳的女儿马卡兹维，伙同曼德拉同温妮的大女儿泽纳妮，从曼德拉的朋友毕索斯，前政治罪犯、祖马时期的住房部部长托克欧，以及曼德拉的律师阙纳手中争夺他数百万美元财产的控制权。在 2013 年递交到约翰内斯堡高等法院的诉状中，阙纳律师提到 2005 年曼德拉曾试图阻止两个女儿争夺他的财产。约翰内斯堡当地报纸《星报》报道称："杰克斯·杰威尔、泽纳妮·曼德拉……毕索斯、托克欧、格拉萨·马歇尔和阙纳参加了会议。"

曼德拉因马卡兹维与泽纳妮被阿尤布（曼德拉的前律师，后因怀疑行为不端被解雇）所利用而感到火冒三丈……"尽管在 2005 年 4 月的会议上，曼德拉已经很清晰地向她们做出了指示，但是她们仍然继续干涉他的私人事务。曼德拉为此感到非常沮丧。"阙纳称，"当时在场的每一个人都试图让马卡兹维和泽纳妮铭记并尊重曼德拉的想法和希望，不要再让他心烦了。两人当时在曼德拉的面前也同意这样做。"

阙纳表示，这一切的纠葛都起因于 2011 年 8 月。当时，泽纳妮索要应属于两人的财产和利益，而毕索斯用法律和税收的理由含蓄地表示了他的反对。而阙纳称，只有在南非联合银行出示曼德拉信托公司的原始信托契约时，毕索斯的权益才能够得以保留。

"我在2011年向高等法院主事官提出了同样的要求，得到的答复是不仅需要原始信托契约，还要2005年4月15日由马卡兹维和泽纳妮联署并实施生效的契约修正案。"阙纳表示说，"当发现这个曼德拉信托修正案时，我简直难以置信，随后我立刻通知了其他受托人。"

据阙纳所说，原始契约的修正条款不再承认他们是该契约的执行者。他说："当我告知马卡兹维我已经把这件事通知了所有的受托人和 Harmonieux 和 Magnifique（两家投资控股公司）的董事们时，马卡兹维变得非常焦虑，称此举会使她的家族很难从曼德拉信托基金获得收益。"

这件事并没有让纳尔逊·曼德拉基金会的各位理事感到惊讶。他们中的一位理事告诉我，她在得知基金会要为曼德拉的一个孙女支付整容费用后便辞去了职务。在各大报纸探查她们的家庭活动之前，曼德拉的女儿们在负面舆论面前并没有做任何解释。

约翰内斯堡当地报纸《映象报》报道称，曼德拉的子孙在110余家公司内任职，涉足房地产、投资、铁路工程、矿产、医药、时尚、娱乐等多个领域。

曼德拉的财产由至少 24 个阿尤布设立的信托基金持有，但不包括 4 个主要的信托基金。其中的一些信托基金拥有约翰内斯堡富人区的昂贵地产，例如马卡兹维信托公司拥有马卡兹维在海德公园的 3 575 平方米的房产——2012 年该处地产的估价已经达到了 1 360 万南非兰特。此外，马卡兹维是 16 家公司的现任主管，其中包括瑞士跨国食品巨头雀巢公司的南非子公司、金伯利的 1 家购物中心、2 家工程公司和 4 家矿产公司。与此同时，担任南非驻阿根廷大使的泽纳妮也主管着 9 家公司。

相比之下，曼德拉仅有少量资产在自己名下。2012 年，曼德拉信托公司向电影《创始人》投入了 290 万南非兰特，比上一年多投了 10 万南非兰特。此外，曼德拉作为前任总统，还会得到总统退休金。

即使曼德拉如此地热爱世界，但在他将死之时，他对世界的爱也不足以让他的家人相互尊重，消除恩怨。曼德拉终于懂得甘地和马丁·路德·金从来都没有在有生之年看到过的事实，即他们的家人因为他们的名誉变得非常富有，但却没有继承他们的精神。

"不温不火的清洗"

在离开监狱后的日子里，曼德拉被南非人民的深爱所感动，不论他们肤色是黑、白、黄抑或其他。

曼德拉不赞成很多民选代表的做法。这些代表脱离民众，开始享受由纳税人赞助的重重守卫、鸣笛开道、锦衣华服和昂贵房产，另外还有大量冗余高管。曼德拉觉得要领导所代表的人民，官员必须深入群众中，每个人对他来说都很重要。在与众多名流见面的场合，曼德拉会先跟不起眼的人打招呼：清洁工和其他服务人员。此外，他十分尊重民主制度的基础人员：劳动工人、农民、教师与警察等。因为他认为他们的工作保证了民主制度的运行。

2013 年 12 月 15 日，在库努的葬礼后，护柩军人将曼德拉的灵柩送出营帐

然而，南非并不总是尊崇他留下的政治遗产：社会公正、细心倾听、甘冒不受欢迎的危险的诚信和犯错时敢于承认错误的谦卑。有人认为，最后几年的老年性痴呆，使得曼德拉看到他所深爱的国家和所爱的人变得腐化、肤浅也已不再感到悲伤。

曼德拉生前最后几年的生活悲伤孤独。由于老年性痴呆，他经常独自在家，陪伴他的只有工作人员。妻子格拉萨在莫桑比克他们的居所待的时间愈来愈长，要么以曼德拉的名义外出旅行。

此外，去见曼德拉一面被控制得十分严苛，以至于他的很多老友干脆放弃了见面。老人不明白这些缘由，导致在阿尔贝蒂娜·西苏鲁临过世前去医院拜访他时，他还在抱怨说在病床上的这段时间只有她一人来看过他。

住院治疗并不总是因为曼德拉的呼吸系统问题，有时是因为他严重的老年痴呆症状。有一次，家里人回忆道："曼德拉一直声称他看到有个年轻人朝他冲过来。这让他害怕得几乎发狂，只有入住医院才能让他冷静下来。"

曼德拉会忘记他的一些老友已经过世的事实，还会问到如奥利弗·坦博和沃尔特·西苏鲁的情况。但是有时他会很清醒，还会与乔治·毕索斯交谈，后者是他多年的老友和访问的常客。

给曼德拉基金会捐献大量资产的人，被保证可以享受与曼德拉合影的荣耀，而老人必须忍受这一过程。曼德拉的生日也成了他家庭成员的收入来源。他们在日内瓦和纽约举办奢华的晚宴，而他因为年老多病却不能参加这些宴会，即使他想去也只能是痴心妄想。最后曼德拉自己也开始变得商业化：他开始要求某些公司在贫困地区修建学校或诊所，作为回报，他答应会参加这些公司的开业仪式。类似的机会很快就被他家族中的"营销家"们和他的基金会夺走了，但至少后者最初是因积极的原因而利用曼德拉的名声的。在老人生命的最后几年里，曼德拉的名字越来越多地被用在不那么积极的目的上，但这并不能妨害曼德拉死后的名声，他不能为滥用名声的家人、商业和政治继承人的所作所为负责。沃尔特·惠特曼在1856年致拉尔夫·瓦尔多·爱默生的信中写道："这不温不火的清洗，这故作恭敬的'爱意'……已足以令人作呕。"这种感觉曼德拉或许也曾体会过。

从曼德拉脱离监狱的那一刻起，很多人都直接对他表示过崇尚之情，而这种态度使他感到很不舒服，他一直对那些想要神化他的人表示抗议。他不仅讨厌这种个人崇拜，也一直反对他在非国大的地位：对此他解释过，如果他被置于圣坛之上，人们会觉得他们难以望其项背。他认为，我们无法都成为圣人，但是我们都可以成为民主斗士。

在准备对曼德拉的电视访谈时，一位只匆匆见过一面的朋友问我，是否可以称曼德拉是位"自谦"的人。虽然曼德拉表现过谦恭，但是很少"自谦"。谦恭是他待人处世的方式，但是"自谦"意味着自我轻视。曼德拉优雅的步伐——即使之后因岁月而变得迟缓——展示出了他的魅力。他从不大步走路，他轻缓踱步显示出庄严的权威；在开口前他会认真征集听取意见，但是他绝对不会回避争论。

在尚且平凡之时，曼德拉就象征着伟大的和真正的领导力。回顾曼德拉的一生，就如同翻开了南非的历史的回忆录：在经历了 300 多年的征服欺凌后，南非终于看到了彩虹和财富；当曼德拉 1999 年离开政坛后，南非的财富被掠夺，彩虹也被售卖以牟利。

他对作为政治犯而给家人和其他很多人带来的痛苦而感到抱歉。他写道："看不到的伤口会比看得到的伤口更加痛苦。"但是他很清楚，如果有机会重来，他还是会这样做。

监狱生活是艰难的，而维持民主制度是痛苦的。尽管他给南非带来了和平，但是曼德拉家族中任性的人们却不让和平在他的家中落定。某些他的家族成员谩骂曼德拉妻子格拉萨是"kwerekwere"，而这是对外来黑人的蔑称。温妮曾牵着曼德拉的手一同从监狱走出，却经常当众严厉斥责他——这一切都发生在 1990 年曼德拉被释放不久后的第一次访美旅程中。

最后的告别

在 2013 年 12 月 5 日曼德拉离世之后，人们集聚在他约翰内斯堡的霍顿的房子外面，献上鲜花和支持的赠言，点燃蜡烛，共同传诵着这个伟人的故事。

全球领袖的悼念、各大城市的半旗志哀以及各种形式的纪念活动，这些现象在历史上都未曾有过先例。即使离世，曼德拉还在创造着历史：人们在他离世的悲痛中，还在愉快地怀念他不平凡的一生。

曼德拉离世的几天里，本该是一年中最晴朗的月份却下起了雨。12月10日是一个阴雨绵绵的周二，在索维托的FNB体育场举办了曼德拉的追悼会。共有90余名其他国家领导人前来参加他的葬礼，人数比2005年教皇若望·保禄二世的葬礼还要多。参加人员有美国总统贝拉克·奥巴马和妻子米歇尔，前总统乔治·布什、比尔·克林顿、吉米·卡特，以及世界其他国家（如阿富汗、澳大利亚、斯堪的纳维亚等）的领导人。巴西总统迪尔玛·罗塞夫在悼词中说道："曼德拉鼓舞了世界的青年男女为民族独立和社会公正而奋斗。"

葬礼后的3天里，人们手持雨伞，列队瞻仰放置在比勒陀利亚国家联合大厦内的曼德拉遗体，3天内，瞻仰人数已经超过10万。

12月15日，曼德拉最后的告别仪式在他的故乡东开普省的库努举行。超过4 500人聚集在帐篷下悼念、哭泣、歌颂，向曼德拉致敬。英国查尔斯王子与坦桑尼亚总统贾卡亚·基奎特，马拉维总统乔伊斯·班达，曼德拉的老朋友、前赞比亚总统肯尼思·卡翁达，大主教德斯蒙德·图图，电视明星奥普拉·温弗瑞，商人理查德·布兰森等一同参加了葬礼。

曼德拉给予了我们自由，但是我们总是忘记自由背后的责任。这一点曼德拉曾反复告诫过我们，甚至在他卧床离世之前也依然不忘这件事。他离开我们的那一天离国际人权日仅有5天，这也是他总提及的重要节日。他一直坚信国家属于它的人民，一切的分裂都是人为造成的破坏，自由需要民主斗士去捍卫，忽视自由就有失去自由的风险。

曼德拉的第二任妻子温妮（右边）搀扶着格拉萨（中间），和曼德拉的朋友（左边）参加了在库努举行的葬礼

我们哀悼他的热情。当反复看这位伟大的政治家无时无刻都在为快乐和自由而努力的录像时，我们不禁流下了眼泪。

曼德拉的离开在我们的政治和内心都留下了一片空白。让我们用自己的实际行动来证明他的一生并不是徒劳的吧。

一路走好，曼德拉，您是英雄中的英雄！

曼德拉年表

1918 年

7 月 18 日　罗利赫拉赫拉·曼德拉出生在南非东开普省的姆维佐村滕布部落,父亲是噶德拉·亨利·姆普哈卡尼斯瓦,母亲是诺塞凯尼·范尼。

1927 年

父亲去世之后,曼德拉由叔父乔津塔巴·达林迪博酋长照顾。叔父送他到教会学校读书(在那里他有了自己的英文名字:纳尔逊),并给他打下了科萨人文化和历史的基础以及赋予了仁义施政所需的责任感。

20 世纪 30 年代

曼德拉开始在福特海尔大学接受高等教育,被选进学生代表会。他与奥利弗·坦博相识,两人一起参加罢课抗议活动并被学校除名。

20 世纪 40 年代

为逃避包办婚姻,曼德拉去了约翰内斯堡,在那里完成学业,获得文学学士学位,继而到维特沃特斯兰德大学攻读法学。他加入了非国大。曼德拉和尼克·格姆巴特、阿什利·彼得·姆达、奥利弗·坦博和沃尔特·西苏鲁等一起组建了非国大青年联盟。曼德拉与伊芙琳·恩托克·梅斯结婚,两人共生有四个子女。

1952 年

6 月 26 日　非国大和南非印度人大会组织发动"蔑视不公正法令运动",曼德拉担任志愿者总负责人(曼德拉时任非国大青年联盟主席)。曼德拉以违反《抑制共产主义法》(该法适用范围很广,包括从事怂恿他人抵制种族隔离政策等的相对轻微的罪行)的罪名被判缓刑,并被禁止参加集会。

12 月　曼德拉和坦博开办了约翰内斯堡的第一家黑人律师事务所。

1953 年

曼德拉和西苏鲁开始考虑进行武装斗争并制订 M 计划。曼德拉与伊芙琳分居。

1955 年

曼德拉与温妮·诺姆扎莫·马蒂吉泽拉相识。

6月26日　非国大制定了文件《自由宪章》。其中一项内容是,非国大坚决主张"土地为所有人所有",并且煤矿国有化的呼吁得到采纳。

1956 年

曼德拉和另外155人遭到逮捕,以叛国罪名被起诉,事起《自由宪章》中的条款。政府认为该宪章含有共产主义思想。曼德拉以及非国大许多领导人在这次叛国案中被判有罪,曼德拉被囚禁5年。

1958 年

曼德拉与伊芙琳离婚,与温妮结婚。

1960 年

3月21日　南非发生沙佩维尔大屠杀,69人遇难。他们是因为参加非国大分裂派和泛非大会组织的抗议活动遭此劫难的。泛非大会和非国大被宣布为非法,曼德拉和其他数十人遭拘捕。

1961 年

叛国案审判失败,所有被告均被无罪释放。曼德拉转入地下工作。

12月16日　非国大的武装组织"民族之矛"成立，曼德拉担任总司令。

1962 年

1月　曼德拉在阿尔及利亚和埃塞俄比亚接受军事训练。回到南非后，他被当局以非法出境和煽动工人罢工判处有罪。

1963 年

7月11日　曼德拉在狱中服刑，警察突袭约翰内斯堡里沃尼亚的里列斯利夫农场，逮捕了"民族之矛"总司令部的领导人，并以破坏罪起诉他们。

1964 年

经过8个月的审判，除坎特和伯恩斯坦两人外，曼德拉、西苏鲁、艾哈迈德·凯瑟拉达、雷蒙德·姆赫拉巴、安德鲁·姆兰格尼、丹尼斯·戈德伯格、伊莱亚斯·莫茨奥勒迪以及戈文·姆贝基被判终身监禁。除身为白人的戈德伯格外，其余全部被送往罗本岛监狱服刑。

1969 年

4月　曼德拉写信给政府当局，要求释放他和他的战友，或承认他们是政治犯。他在信中指出，由于政府已宽大处理了荷裔南非白人反叛者和二战期间亲纳粹党的南非白人，因此应对他们一视同仁。但南非当局没有理会他的信件。

1973 年

12 月　警察部长吉米·克鲁格（南非政治家）会见曼德拉和马克·马哈拉吉为首的几名罗本岛监狱的服刑者。马哈拉吉认为，克鲁格来的意图是想了解一下，"政治犯"是否有同以实行种族隔离政策为基本原则的政府进行谈判的意向。克鲁格得到了否定的回答。

1980 年

10 月 1 日　曼德拉上诉至最高法院，要求禁止监狱看守在囚犯和律师见面时在旁听他们谈话。审判长沃特梅尔和法官格罗斯科夫表示暂不判决。

1981 年

1 月　罗纳德·里根就任美国总统，开始同南非进行"建设性接触"。

12 月　南非军警在莱索托首都马塞卢打死 40 多名南非流放犯人和莱索托侨民。他们袭击的目标本是"民族之矛"领导人克里斯·哈尼，但克里斯·哈尼本人逃脱。

1982 年

博塔总统会见赞比亚总统肯尼思·卡翁达，并在约翰内斯堡卡尔顿酒店主持第二次经济会议，提出改革宗族隔离政策的战略。他的集会口号是"不改革就死亡"。

3月　司法部部长科比·库切说，政府或许可以考虑释放政治犯。里沃尼亚叛国案中几名犯人（曼德拉、西苏鲁、雷蒙德·姆赫拉巴和安德鲁·姆兰格尼）被从罗本岛监狱转至开普敦波尔斯摩尔监狱。

1983年

监管监狱的部长路易斯·格兰奇会见曼德拉，并且任命典狱长奥卡姆普准将作为曼德拉与政府之间的中间人。囚犯管理委员会召集囚犯讨论政治问题。曼德拉向狱友们发出指示，要求只讨论与监狱有关的问题。他对政府说："派出你们的政治代表与我们的政治代表进行谈判。"

5月　非国大在比勒陀利亚空军司令部外面引爆一颗汽车炸弹，19人死亡，215人受伤。

8月　联合民主阵线拥有600个反种族隔离制度的组织。

9月3日　三院制宪法开始生效，它赋予印度裔南非人和有色人种在政府内有限的发言权，但黑人被排除在外。约翰内斯堡附近的沙佩维尔镇发生骚乱。

1984年

5月　温妮被允许对曼德拉进行接触性探视。温妮说，这是

21年来第一次触摸丈夫的手。

6月　南非外交部部长皮克·博塔和国防部部长马格纳斯·马伦会见安哥拉政府的官员，要求安方关闭非国大在安的军事训练营（已有南非特工大量渗透进许多训练营，实施投毒和执行暗杀主要人物的任务）。

9月　联合国人权委员会举行有关曼德拉在波尔斯摩尔监狱的问题听证会。会上反映，曼德拉与另外五名囚犯被关押在一个又小又潮湿的牢房，这使得曼德拉很难进行学习。

11月　曼德拉被与其他囚犯分开，并且会见由政府任命的包括威勒姆斯将军、司法部部长科比·库切、宪法专家法尼·范德莫韦、国家情报局局长尼尔·巴纳德以及同样来自情报局的麦克·娄乌在内的谈判代表团。

1985年

1月31日　博塔总统在议会发表讲话说，曼德拉如果表示愿意摈弃暴力的话，他将释放曼德拉。曼德拉回应说，政府必须首先摈弃暴力。

7月20日　南非当局宣布在36个黑人城市居住区实施紧急状态，一星期内共拘押1 000人。

8月15日　博塔发表"卢比孔讲话"——政府已经承诺，改革将会列为议会议程之首。而实际上，博塔极力为种族隔离制度进行充满火药味的辩解。南非兰特大幅贬值。学者、白人报纸编辑和商人开始同非国大举行会见。

10月　南非首富哈利·奥本海默公开表示,支持释放曼德拉。

11月21日　非国大发表《哈拉雷宣言》,阐述进行谈判的条件。该宣言要求释放曼德拉和其他政治犯,解除紧急状态,从各个市镇撤出军队和其他镇压武装力量,不再禁止非国大活动,以及为自由政治活动创造条件。

12月　新成立的南非总工会的总干事杰伊·奈都在哈拉雷会见非国大官员。政府说如果非国大宣布放弃使用暴力的话,将同非国大对话。非国大说政府也必须放弃使用暴力。

1986年

1月　政府暗示准备释放曼德拉,以换取释放遭囚禁的苏联持不同政见者纳坦·夏兰斯基和安德烈·萨哈罗夫。在1月8日由非国大主席奥利弗·坦博发表的非国大政策声明中隐含了传达给曼德拉的信息:"我们的力量在于团结。"非国大呼吁结成广泛的反对种族隔离制度的联盟,包括商人、白人和舆论工作者,以迫使政府1990年之前回到谈判桌上来。

2月　博塔在议会开幕式发表讲话。他说,种族隔离制度已经过时,他将致力于放弃这一政策。

3月16日　同莫桑比克总统萨莫拉·马歇尔签署《恩科马蒂协定》,该协议保证将非国大撤离莫桑比克。

3 月　流亡的非国大和南非总工会领导人杰伊·奈都、西德尼·姆法马迪和西里尔·拉马弗萨在哈拉雷举行会谈。

5 月　南非联邦知名人士团体向政府发起有最后期限的建议：释放曼德拉；解禁非国大；宣布同非国大停战；开始谈判。面对右翼强硬派的压力，南非政府拒绝了这一建议。

10 月 2 日　尽管遭到罗纳德·里根总统的否决，由来自美国宾夕法尼亚州的众议员威廉·格雷发起、参议员汤姆·哈金和爱德华·肯尼迪推动的《全面反对种族隔离制度法案》获得通过，遂成为法律。该法在全球起到了示范作用，促使对南非实行广泛制裁以及大规模撤回投资。在结束种族隔离制度方面，该法发挥了任何其他法律无可比拟的作用。

10 月 19 日　莫桑比克总统萨莫拉·马歇尔的专机在南非失事坠毁，马歇尔和另外 38 人遇难。

1987 年

1 月 8 日　非国大的口号变为"我们的目标已经近在眼前"。

7 月　民主选择理事会成员艾莱克斯·博瑞和弗雷德里克·范泽尔率领一个由商人、学者、作家组成的小组到塞内加尔首都达喀尔同非国大领导人举行会谈。会谈中，非国大提出要进行两个谈判：一是同政府的谈判，二是同自由力量联盟的谈判。

8 月 13 日　博塔总统指示司法部部长科比·库切准备释放非

国大里沃尼亚叛国案受审者戈文·姆贝基（77岁）。

11月5日　被囚禁24年的姆贝基得以获释，但被禁止发表讲话，也不准离开伊丽莎白港市。

1988年

5月　非国大公布了自己的南非宪法草案。南非总统博塔的夸夸其谈使得南非国民党领导层越发不满。

12月　曼德拉被转至帕尔市的维克多·维尔斯特监狱，同政府代表举行秘密会谈。

1989年

1月18日　博塔总统（73岁）患轻度中风。

2月2日　博塔辞去南非国民党主席职务。德克勒克当选为新一任主席。德克勒克与黑人领导人（因卡塔自由党的布特莱齐和工党的艾伦·亨德里克斯）建立起了更为密切的关系。

5月　博塔总统宣布9月6日举行大选。

7月5日　曼德拉在开普敦的泰因海斯同即将离任的博塔总统举行会见。

9月　德克勒克当选为总统，开始执政。

10月15日　里沃尼亚叛国案遭审讯、判刑的其他人凯瑟拉达、西苏鲁、姆赫拉巴、姆兰格尼和莫茨奥勒迪被悉数释放，但曼德拉依旧身陷囹圄。

1990 年

1 月 17 日　司法部表示，将重新审视对所有被禁组织的限制法律，包括非国大和南非共产党。

2 月 2 日　德克勒克宣布对所有政治组织解除禁令。

2 月 11 日　曼德拉获释。两天后他回到索维托。

4 月　马修斯·弗萨和雅各布·祖马同南非政府举行初步谈判。

5 月 2—4 日　南非政府与非国大会谈并签署《格鲁特斯库尔会议纪要》。

8 月 6 日　双方就关于非国大流亡人士的补偿和回国事宜及释放政治犯达成第一份协议：《比勒陀利亚备忘录》。

1991 年

1 月 29 日　曼德拉与布特莱齐就为夸祖鲁—纳塔尔省找到和平解决问题的会谈失败。

4 月 3 日　曼德拉在开普敦会见来访的美国国会代表团并作长篇讲话，就持续的暴力问题批评德克勒克。

4 月 4 日　曼德拉在非国大全国执委会上说，自己曾错误地称德克勒克是个"正直的人"。

4 月 5 日　非国大公开向德克勒克发出最后通牒：5 月 9 日前他必须采取七项措施以结束暴力，否则就停止谈判。

6 月　曼德拉当选为非国大主席，奥利弗·坦博因健康状况不佳而卸任。

7月19日　盛传政府正在为因卡塔自由党提供武器并进行军事训练。

9月14日　民族和解会议在约翰内斯堡举行，曼德拉、德克勒克和布特莱齐三人第一次面对面会谈。三人不高兴的神情在相片中体现得淋漓尽致，这也预示了此次会议的成功。

11月28—29日　由来自20个政党组织的60名代表制定了多党谈判的基本原则。会议的第二天，泛非大会退出了协商会议。

12月20—21日　18个代表团和政府代表参加的民主南非大会举行。布特莱齐拒绝参加，但派出了几名代表参加大会。德克勒克在讲话中猛烈抨击非国大，曼德拉怒不可遏，愤然回击。

1992年

3月17日　在波切夫斯特鲁姆举行的南非国民党递补选举中，惨败的德克勒克要求就他的政策主张举行公民投票。投票结果是：有68.6%的白人选民支持进行谈判。

4月13日　曼德拉宣布同温妮分居。

6月17日　在博帕彤大屠杀中，来自夸马达拉难民营的因卡塔武装分子杀害46人。非国大退出谈判。

9月7日　在实行种族隔离政策的西斯凯首府比斯和，非国大和南非共产党草率地组织了一次游行示威活动，比斯和军人开枪，导致了 29 人死亡，200 人受伤。

9 月 26 日　暴力升级并蔓延全国。曼德拉和德克勒克签署了理解议事录，使谈判重回正轨。

11 月 16 日　理查德·戈德斯通法官领导的委员会（负责调查警察和军队的过失）突击搜查了军事情报部门的秘密行动中心，公开了政府当局卷入暗杀和暴力活动的文件。德克勒克任命了斯泰恩委员会。一个月后，该委员会下令要求 23 名军官退休。

1993 年

2 月 12 日　非国大和政府宣布签署了一项以五年过渡期为原则协议。在过渡期内，由赢得选举的主要获胜方组成民族团结政府进行国家管理。

3 月 5—6 日　随着各个代表开始为 1994 年的选举展开竞选活动，在克服了包括诸如爆炸与暗杀的右翼暴力活动的障碍之后，民主南非大会会谈得以恢复。

4 月 1—2 日　民主南非大会举行包括右翼保守党在内的 25 个政党参加的第三次全体会议。

4 月 10 日　克里斯·哈尼遭右翼分子暗杀。

4 月 24 日　1967 年至 1991 年担任非国大主席的奥利弗·坦博因患中风去世，享年 75 岁。

10 月　曼德拉获得诺贝尔和平奖。

1994 年

4 月 27 日 75 岁的曼德拉在南非第一次民主选举中投下了自己的第一张票。

5 月 10 日 曼德拉就任南非总统，塔博·姆贝基和德克勒克就任副总统。

1996 年

曼德拉与温妮离婚。

1997 年

12 月曼德拉辞去非国大主席职务。

1998 年

7 月 18 日 在 80 岁生日这天，曼德拉与莫桑比克前总统萨莫拉·马歇尔的遗孀格拉萨·马歇尔结婚。

1999 年

3 月 26 日 曼德拉正式将权力移交给他的继任者塔博·姆贝基。曼德拉被任命为布隆迪内战调停人。

6 月 2 日 南非举行第二次民主选举。非国大主席塔博·姆贝基当选为总统。

2001 年

曼德拉被授予甘地和平奖。曼德拉还获得了世界众多大学颁发的数十个荣誉学位和博士学位。

2002 年

2 月 10 日　曼德拉宣布说医生已经治愈了他的前列腺癌。

2 月 17 日　曼德拉对姆贝基政府处理艾滋病毒感染问题和艾滋病危机的消极立场的批评引起轩然大波。次日，非国大全国执委会开会，就曼德拉的直言不讳态度进行集体批评。

6 月　曼德拉在巴塞罗那召开的第 14 届国际艾滋病防治大会上，再次批评了南非政府处理艾滋病毒感染问题和艾滋病危机的态度。

12 月　曼德拉被美国总统乔治·W. 布什授予美国平民最高奖——总统自由勋章。

2003 年

2 月　曼德拉批评美国总统乔治·W. 布什发动侵略伊拉克的战争。

5 月 11 日　被曼德拉称作自己政治上良师益友的沃尔特·西苏鲁辞世。

2004 年

6 月　曼德拉宣布他将在 85 岁时退出公共生活。

7 月　曼德拉就艾滋病问题再次与姆贝基发生意见冲突，并飞往曼谷在第 15 届国际艾滋病防治大会上发表讲话。

7月23日　约翰内斯堡将最高荣誉授予曼德拉——授予他为荣誉市民。

2005 年
1月6日　曼德拉的儿子马克贾托·曼德拉因患艾滋病去世。

2007 年
曼德拉出席他的孙子马恩德拉[①]就任姆维佐（村）传统理事会主席的就职仪式。

2008 年
7月18日　曼德拉庆祝自己90岁生日，号召年青一代继续为社会正义而斗争。

2009 年
5月9日　曼德拉出席雅各布·祖马总统就职仪式，并聆听祖马发表第一次国情咨文。

7月18日　曼德拉91岁。为庆祝他为国家服务67年，政府号召所有南非人在这一天花上67分钟时间为身边的世界更美好而做点事情。这一天被命名为"曼德拉日"。

11月　联合国宣布7月18日为"曼德拉日"。

---

① 此处曼德拉孙子的原文名字拼为Mandla，不同于曼德拉的Mandela。——译者注

2010 年

6 月 11 日　曼德拉的曾孙女泽纳妮遭遇车祸，不幸遇难。

2011 年

7 月 18 日　曼德拉与家人一起度过自己的 93 岁生日。

2012 年

1 月 8 日　非国大成立 100 周年。

2 月 25 日　曼德拉因"长期腹痛"住进医院，并在所有检查正常后的第二天获准出院。

7 月 18 日　南非 1 200 万名儿童唱生日歌，庆祝曼德拉 94 岁寿辰。

11 月 6 日　印有曼德拉头像的新纸币在南非正式发行并流通。新纸币是南非人民向曼德拉致敬的一种特别方式，可在南非、纳米比亚、斯威士兰、莱索托、博茨瓦纳、津巴布韦、莫桑比克等兰特货币区流通。

12 月 8 日　曼德拉因肺部感染和胆结石手术在医院几乎住整整一个月时间。2013 年 1 月 6 日获准出院。

2013 年

3 月 9 日　曼德拉入院进行定期体验，一天后获准出院。

3 月 28 日—4 月 6 日　总统承认曼德拉住院治疗肺炎。

6 月 8 日　凌晨，曼德拉因肺部感染导致旧疾复发，病情恶化，被紧急送往医院接受治疗。9月初，曼德拉出院，并返回约翰内斯堡的家中。

12月6日（南非时间5日）　曼德拉在约翰内斯堡的家中去世，享年95岁。纽约联合国总部降半旗志哀。中国国家主席习近平、联合国秘书长潘基文、美国总统奥巴马、俄罗斯总统普京、美国前总统克林顿、南非总统祖马、英国首相卡梅伦等对曼德拉的逝世纷纷发出唁电表示哀悼。

12月11日（南非时间10日）　曼德拉追悼会在南非约翰内斯堡举行。包括中国国家副主席李源潮在内的近百名现任或前任各国政要及数万名群众出席，在雨中共同哀悼南非前总统曼德拉。李源潮代表国家主席习近平，以中国政府和中国人民的名义，对曼德拉逝世表示深切哀悼。南非总统祖马及美国、巴西、纳米比亚、印度、古巴等国领导人先后致辞。

12月15日（南非时间）　曼德拉的"世纪葬礼"在其儿时生活过的南非东开普省的库努举行。他被埋葬在其父母和已故的孩子身边。4 500人参加了这次葬礼活动，其中包括全球范围内的400多名政要。

MANDELA: INCELEBRATION OF A GREAT LIFE
by Charlene Smith

Fifth edition published in 2014
Copyright © in published edition: Random House Struik 2014
Copyright © in text: Charlene Smith 2014

Simplified Chinese edition © 2017 by China Renmin University Press

图书在版编目（CIP）数据

曼德拉传：最新版/（美）查伦·史密斯著；高天增，贾涵钧译．—北京：中国人民大学出版社，2017.3
ISBN 978-7-300-23546-2

Ⅰ.①曼… Ⅱ.①查…②高…③贾… Ⅲ.①曼德拉（Mandela，Nelson Rolihlahla 1981－2013）—传记 Ⅳ.①K834.787＝6

中国版本图书馆 CIP 数据核字（2016）第 269428 号

曼德拉传（最新版）
［美］查伦·史密斯（Charlene Smith）/著
高天增　贾涵钧/译
Mandela Zhuan

出版发行	中国人民大学出版社		
社　　址	北京中关村大街 31 号	邮政编码	100080
电　　话	010-62511242（总编室）		010-62511770（质管部）
	010-82501766（邮购部）		010-62514148（门市部）
	010-62515195（发行公司）		010-62515275（盗版举报）
网　　址	http://www.crup.com.cn		
经　　销	新华书店		
印　　刷	北京联兴盛业印刷股份有限公司		
规　　格	145 mm×210 mm　32 开本	版　次	2017 年 3 月第 1 版
印　　张	7.625 插页 3	印　次	2022 年 11 月第 4 次印刷
字　　数	144 000	定　价	48.00 元

版权所有　侵权必究　印装差错　负责调换